二语写作教学的多维研究

张洪芹　著

中国财富出版社

图书在版编目（CIP）数据

二语写作教学的多维研究 / 张洪芹著 . —北京：中国财富出版社，2021.6
ISBN 978-7-5047-7016-5

Ⅰ . ①二… Ⅱ . ①张… Ⅲ . ①第二语言—写作—教学研究 Ⅳ . ① H09

中国版本图书馆 CIP 数据核字（2019）第 192450 号

策划编辑	李　丽	**责任编辑**	邢有涛　郭怡君	**版权编辑**	李　洋
责任印制	尚立业	**责任校对**	卓闪闪	**责任发行**	杨　江

出版发行	中国财富出版社		
社　　址	北京市丰台区南四环西路188号5区20楼	**邮政编码**	100070
电　　话	010-52227588 转 2098（发行部）		010-52227588 转 321（总编室）
	010-52227566（24小时读者服务）		010-52227588 转 305（质检部）
网　　址	http: //www. cfpress. com. cn	**排　　版**	宝蕾元
经　　销	新华书店	**印　　刷**	宝蕾元仁浩（天津）印刷有限公司
书　　号	ISBN 978-7-5047-7016-5/H · 0156		
开　　本	710mm × 1000mm　1 /16	**版　　次**	2021年12月第 1 版
印　　张	9.75	**印　　次**	2021年12月第 1 次印刷
字　　数	165千字	**定　　价**	42.00 元

前言

PREFACE

对于我国二语学习者来说，英语是过渡语（interlanguage），介于母语与目标语之间。作为过渡语，其属性既不同于母语也不同于目标语，而是以英语本族语为目标的一个内在的、动态的、独立的语言系统。英语学习的最终目标是使学习者的二语能力接近目标语或本族语。如何达成这一教学目标是本研究的核心。《二语写作教学的多维研究》凸显以下特色。

首先，本研究以我国大学生书面语语料库为基础，以其语言诸层面为线索，全面揭示我国二语学生的书面语语篇误区：书面语呈口语化特征、结构松散、内容单一、跑题等。

其次，本研究凸显二语书面语教学中的文化实践，侧重思维借用实践路径，旨在帮助学生把目标语语篇规范无声无息地移植于其书面语语篇中，并建构适合我国语境的二语写作教学理论与实践框架。

最后，本研究以语篇为载体，进行语篇对比分析及文化溯源，揭示中英两种语言在语篇层面上的差异，旨在提升我国语境下的二语学生书面语的交际能力。

《二语写作教学的多维研究》分为三部分，从三种视角建构适合我国语境的二语写作教学的文化思维理论与实践模式。

第一部分涉及英汉对比视角，基于二语书面语僵化现象的数据分析，探讨英汉对比教学的诸层面，全面揭示我国大学生书面语语料库中的僵化现象，旨在提升二语学生的跨文化交际能力及文化适应能力。

第二部分涉及互文视角，建构了写作教学中的互文挪用视角及文化适应模式的实践框架。互文视角为二语写作教学提供了大量的借鉴及例证资源，有助于我国学生对英语思维规范的适应与习得。互文性及互文关系可以促进西方语言规范资源的转变，并内化于我国学生的实际写作中，从而促使读写初学者成为有经验的读写者。

第三部分涉及认知视角，建构了写作教学中的认知视角及文化实践框架，主要涉及心理模型、象似性及认知转喻视角。心理模型指头脑中的内部知识结构，外语思维的心理模型的建构旨在使语言教学与以思维为取向的文化教学融为一体，让学生养成用英语进行思维的习惯。象似性通过对英语写作目标语规范的转化及内在化，可进一步加强我国大学生英语学习者对英语写作的文化适应性，提升其二语线性表达的地道性。转喻是认知构建中的一个过程，呈现邻近性关联特征，话语通过邻近关系激活另一话题，转喻为语篇发展提供了语义线路图，是语篇的深层连贯手段，是语篇的发展的重要模式。

本研究强调，二语写作教学应侧重思维转变，促成学生思维转变的有效方法是互文挪用及思维借用，这可以使我国学生适应目标语者的语言规范，提升逻辑思维能力。这种语言与文化并进的教学方法可通过多种途径实施，这也是本研究的主要内容。

感谢中国财富出版社为此付出了大量的心血。同时，也非常感谢中国政法大学外国语学院对本书出版所提供的资金支持。

限于作者水平，书中难免存在纰漏与欠妥之处，恳请学界专家同人批评指正。

中国政法大学外国语学院

教授、硕士生导师

张洪芹

2020年12月

目 录

CONTENTS

绪 论

对于我国大学生二语学习者来说，英语是介于母语与目标语之间的过渡语（interlanguage）。作为过渡语，其属性既不同于母语也不同于目标语，而是以英语本族语为目标的一个内在的、动态的、独立的语言系统，其最终目标是使学生的二语能力接近目标语或本族语。如何达成这一教学目标是本研究的核心。

本研究从多维视角分析我国大学生二语书面语的数据及特征，挖掘二语学生书面语弱化诸层面，拟培养二语学生写作中的跨文化交际能力；推进互文与认知视角，拟全面提高二语学生的思维借用能力，把目标语语篇规范无声无息地移植于其书面语语篇中，建构适合我国语境的二语写作教学理论与实践框架。

一、我国大学生二语书面语的僵化现象及我国大学二语书面语的教学误区

本研究以我国大学生书面语语料库为基础，首先对比分析了英汉不同思维范式及语篇规范，揭示了我国大学生二语书面语的僵化现象及我国大学二语书面语的教学误区。

（一）我国大学生二语书面语的僵化现象

由于受母语思维的影响，我国大学生二语学习者在语音、词汇、句子及语篇等方面进步不大，常常停滞不前，发生僵化现象，即语言能力僵化（language competence fossilization）。僵化现象很普遍，体现为缺乏词汇运用能

力、句子线性排列能力及语篇逻辑能力等。虽然有多年的英语学习经历，但我国大学生二语学习者，甚至硕士生二语学习者恰当使用英语书面语的能力比较弱。他们频繁使用人称指示语I、you、he、they等，导致篇章连贯性差；侧重语法表达，忽略得体表达，导致其英语作文可接受性差；侧重故事讲解式论证，导致篇章逻辑论证较弱。总之，二语学生呈现出较弱的读者意识及文体意识，其二语书面语僵化现象可概括为三类。

1. 套路型作文

二语学生在写作文时经常使用套路型写作方式，具体表现是使用各种程式化表达。如例1所示。

［例1］With the development, ...has become a hot topic of discussion; Different people have different opinions on this matter; Some people believe that ...while others deem that...; As far as I'm concerned (As for me), I think that...; There are at least two reasons to account for my choice; On one hand, ...; On the other hand (For one thing... For another...); Last but not the least...; However, each coin has two sides...; The above analysis can lead safely to the conclusion that...; The individuals have to... and the government should...; Only in this way, can we have a bright future… .

这些表达注重语言形式，忽略了思想内容的传递。一般情况下，学生喜欢生搬硬套已有的文章模板。例如，开头偏爱使用“With…”结构来铺垫背景，结尾使用“Only in this way…”等倒装句表达强烈的提醒或警告。

这些表达往往被视作陈腐语(cliché)，反复使用会被酌情扣分，因为阅卷老师会以此判定该考生不会写作或缺乏写作能力，只是拿着背诵好的内容应付考试。因此，不使用这些程式化表达，寻找意义表达，是二语学生写作进步的一个方向。

2.“两面光”型作文

“两面光”型作文是在两种观点中不做出选择，认为两方都有理，都不抛弃。这类作文有一定的弱点：写作者没有解决问题，只是在“踢皮球”。这类作文在二语学生写作中十分普遍，结果导致失分严重。在面对需要做出选择的写作题时，明智的写法是支持其中的一种观点，并提供充分的论据，避免用相同比例的文字谈论两种不同的或相反的观点。

“两面光”型作文如例2所示。

[例2] Which is more important, a decent job or a master's degree?

When asked which is more important, a decent job or a master's degree, I find it difficult to answer this question. So it is not easy for me to make a choice. Both a decent job and a high academic degree have some advantages… .

3. 跑题型作文

二语学生作文跑题的现象也很严重。跑题型作文通常表现为话题不明确、不突出，全文没有点明话题的句子或关键词。比如文章话题是self-reliance，但这个话题只出现在学生英语作文的开头与结尾，那么该文属于部分跑题。部分跑题作文的典型特征是以不相关的背景介绍开篇，如“With the development of society, …”“With the advent of…”。

（二）我国大学二语书面语的教学误区

我国大学二语写作教学存在一定的教学误区或局限。一般老师局限于讲解大学英语四、六级范文，忽略目标语语篇引入教学，如西方散文、政治语篇、学术语篇等，导致学生英语作文缺乏章法、跑题、连贯性差等。我国大学二语书面语的教学误区可分为以下三类。

其一，以二语语篇的正确性为教学核心标准，以语法结构为主要的教学单位，写作教学以句子结构多样性为闪光点，强调各类从句的使用，如宾语从句、定语从句、状语从句等。正确性导向下的写作教学关注学生的语法错误之处，主要以修改学生英语作文中的语法错误为目标。然而，语法正确的表达不一定地道，也不一定能被目标语读者接受。

其二，老师缺乏语体意识，语体混合现象频繁。教学资源涉及很多英语影视作品，这些作品的用语多为口语体。教材编写者也常常忽略口语与书面语的差别。在教材《英语专业写作1学生用书》（王星，2013：133）中，存在正式语体与非正式语体混合的现象，如“Deep sea diving can be a safe and exciting sport if you prepare carefully.”。这表明，老师也会忽略语体特征，或者说老师对正式英语与非正式英语之间表达差异的意识比较淡薄。

其三，教学侧重词、句、篇等知识性教学，忽略思维培养及文化适应能力培养。写作教学涉及跨文化思维，学生要想写作能力有所提高，就需要转变思维。二语写作教学若忽略英汉文化思维对比，忽略目标语语篇规范的文化适应性（acculturation）培养，二语学生很难突破语言能力僵化的被动局面，因其具有强大的母语思维预设及汉语文化预设。

二、建构适合我国语境的二语写作教学的文化思维模式

学习外语的基础是转换思维方式和习惯。诗人艾略特曾说，小诗人借，大诗人偷。“偷”在此处指互文挪用（intertextual appropriation）。互文挪用强调读者头脑中的内在链接，挪用目标语者的思维规范。

本研究拟以互文挪用为主线，探讨目标语规范的认知模式及语篇建构实际，旨在有效提升学生的二语书面语交际能力，使二语书面语语篇目标语化，直至接近目标语规范。本研究旨在推进我国语境下的二语写作教学研究，提升二语写作教学效率。

本研究的核心是写作教学中的互文挪用及跨文化适应理论与实践框架。基于这一思路，本研究从三个理论维度，阐释互文挪用的理论可能性及实践推广性，以及写作教学融入文化内涵的必要性。

（一）英汉对比视角下的二语写作教学研究

英汉对比视角之一是以认知语言学、对比语言学、语料库语言学、口笔语语法为理论基础，以2014年“批改网”同题作文语料库为数据基础，详细分析二语书面语弱化现象。书面语交际能力弱的问题，存在于绝大多数二语学生的作文中，普遍表现在二语学生书面语的词、语、句、篇诸层面。

基于二语书面语僵化现象的数据分析，本研究提出英汉对比教学方法，以提升二语学生的跨文化交际能力及文化适应能力，使二语书面语语篇呈现本族语特征。本研究提出的思维借用措施涉及西方文化思维、句内线性排列思维、语篇思维及互文借用。教学实践反复证明，思维借用是可行高效的文化适应性措施。教学实践证明，“思维互文”策略是我国语境下过渡语向英语

目标语转化的一大捷径。

二语学生议论文变异特征数据说明，二语学生书面语过多地表现出本族语的口语语体特征，过少地表现出本族语的书面语语体特征。二语学生规范地使用目标语语言的能力相对较弱，这表现为过多使用各类从句，过少使用非限定结构及被动语态，过少使用名词化表达、非词汇化表达和多序列表达等。另外，二语学生掌握了目标语的语法结构，却忽略了语言的可接受性及地道性。总体上讲，高阶英语学习者对语域特征不够敏感。本讨论认为二语写作教学应侧重词汇视角，侧重意义表达，而不应该套用网络上四、六级范文的句法、语篇结构。

此外，模糊限制语研究也是基于量化调查的，如中国学生英语笔语语料库（WECCL）与英语本族语者议论文语料库（LOCNESS）。调查表明，二语学生使用模糊限制语的知识及表达能力相对较弱，这会影响学生语篇论点表达的适当性及得体性，如“Television is beneficial to viewers.”，因全文中心论点表达不当导致全文不被接受而被推翻。添加模糊限制语可增加论点的得体性，如“Appropriate physical exercises are beneficial.”。模糊限制语研究提议，全面推进我国二语学生书面语交际的可接受性。我国高校英语教学要开发模糊限制语这块领域，教学要涉及模糊限制语这类语言现象及语言知识。

（二）互文视角下的二语写作教学研究

本部分建构了写作教学中的互文挪用视角及文化适应模式的实践框架。通过互文视角的学术话语体裁建构，本部分为二语写作教学研究提供了一定的借鉴与例证资源，有助于二语学生将目标语的语言规范资源内化到其实际写作中，从而促使读写者成为有经验的读写者。

互文资源及其挪用对我国语境下的外语教学具有以下意义：建构适当、高效的互文关系，纠正二语学生英语书面语的不当互文表征，减少其汉语思维成分，缓解其书面语僵化症状。

二语写作的互文挪用视角涉及语内外互文资源的并置与链接。语内互文涉及语篇的语言形式、表达内容和相关语类；语外互文涉及读者与作者的互动、老师与学生的互动等。在语篇语境下，线性与非线性互文挪用类型分别涉及篇章信息性的多词序列与非相邻结构，如学术语篇的语块（多词序列）；

轻动词搭配；主、谓（介）、宾间的非相邻结构和非人称结构；篇章衔接与连贯性的主题互文模式；语境性的体裁结构互文类型。读者与作者的互文关系强调读与写的同时性，呈现写作与阅读的融合特征。通过阅读中的互文挪用可以达成写作功能与阅读功能的重构，体现读写者对话，建构与解构连续体，体现语篇建构的积极性视角。互文挪用实践涉及新语篇互文的社会建构及认知建构，强调学生在文本并置与链接中的作用。这有助于学生建构地道的语篇，有助于提升学生的互文能力、语类意识及批判性思维能力等。

（三）认知视角下的二语写作教学研究

本部分建构了写作教学中的认知视角及文化实践框架，主要涉及心理模型、象似性、认知转喻等方面。

首先，心理模型指头脑中的内部知识结构。外语思维的心理模型的建构旨在使语言教学与以思维为取向的文化教学融为一体，让学生养成用英语进行思维的习惯。心理模型的实践内容体现为语言显性结构的模式，本书将其概括为“金字塔”思维模式。目标语文化适应性需要一定的认知模式，建构这一认知模式是十分必要的。

其次，象似性视角是一种结构概念，在这种结构概念中，语言形式与其表达的概念结构相似。本书探讨了多种语言象似性关系，这些象似性关系，通过对英语写作目标语规范的转化及内在化，可进一步加强我国大学生英语学习者对英语写作的文化适应性，提升我国大学生英语学习者二语线性表达的地道性、语篇地道性及英语写作修辞的地道性。

最后，转喻是认知构建中的一个过程，呈现邻近性关联特征，为语篇发展提供了语义线路图。转喻是语篇深层连贯的手段，是语篇发展的重要模式。转喻在语篇结构认知中起着重要作用，主要涉及上、下义词的组合及聚合层面。在语篇建构过程中，转喻机制体现为两类语义衔接：部分概念 a favorite show、to reduce stress 及 viewers can pay a monthly fee 分别激活整体概念 relaxation、the benefit of television 及 this service；整体概念 face 激活部分概念 complexion、pores、nose、mouth 及 chin。这两类语义衔接是句与句之间连贯的认知机制。事物的整体与其部分之间往往构成转喻关系，这种关系有助于保证语篇连贯与衔接。整体和部分的转喻是二语写作可以借鉴的逻辑思维模式，呈现在主题句与次主题句之间，两者间的转喻关系促成其内容的统一及逻辑衔接。转喻还是充实语篇内容的认知机制，主要涉及语义场逻辑衔接，下义词的发展与补充是丰富语篇内容的关键。将转喻理论运用于教学实践，有利于丰富老师的教学内容和方法，能比较有效地提升学生的语言能力及书面语交际能力。

在语篇层面，某一语义场的上、下义词可以把语篇的不同部分从语义上衔接起来，构建语篇语义衔接。不同的下义词出现在同一语境下，加强了语篇内在的衔接力，对篇章起着语义衔接功能。不同话题语义场的设置可以充实语篇内容，促成内容的具体及可观性，也排除了我国大学生英语学习者的作文空洞现象及话题分散现象。可见，不同语义场在写作语篇中的应用及建构是学生二语写作能力提升的有效机制。

第一章　英汉对比视角

一、我国大学生英语写作能力僵化现象及文化适应策略

（一）引言

对我国二语学习者来说，英语是介于母语与目标语之间的过渡语，学习英语的最终目标是使学生自己的二语能力接近目标语或本族语。这一目标似乎遥不可及。受母语思维的影响，二语学生在语音、词汇、句子及语篇等方面经过多年学习，依旧存在僵化现象。僵化现象涉及二语学习的各个阶段、各项语言技能，尤其是写作能力。

绝大多数研究者（戴炜栋、束定芳，1994；周云红，2003；王顺玲、张法科，2008）侧重二语写作的语言错误类僵化（error fossilization）研究，重在进行语内或语际错误分析及僵化特征研究。而二语学生书面语的正确语言形式的僵化是错误语言形式僵化之外的另一僵化形式（Ellis, 2008），很少有人谈论这一形式（谭捍卫，2014）。

二语书面语非错误性僵化现象即文化适应性僵化，“文化适应性僵化是语言僵化的高级形式”（谭捍卫，2014），僵化现象持久、顽固且不易解除。Selinker（1972: 212）曾调查得出，“仅有5%的学习者可以解除过渡语僵化状态，绝大多数学习者没有能力克服僵化难题”，绝大多数二语学习者缺少目标语语言能力。

本书拟以中国高校英语写作教学协同创新联盟（National Association of English Writing，NAEW）主办的“百万同题英文写作”语料库（以下简称NAEW语料库）为基础，考察全国大学生英语写作能力僵化现象，探究僵化

现象的类型，分析其缘由，进而提出文化适应性措施。本部分旨在分析二语学生语言能力僵化问题，提升大学生的文化适应力，实现大学生英语作文的目标语化。

（二）全国高校二语学生英语写作语料库

2014年4月10日至5月10日，中国高校英语写作教学协同创新联盟发起全国高校活动，征集全国范围内英语同题作文，命题题目为“Let the Classics Be Classics”，旨在调研我国大学生的英语写作能力。该活动遍布全国30个省、自治区、直辖市，共有463所学校参加，300814名学生参与活动，共提交265484篇作文，作文库共计54396867字词。

表1–1为中国高校二语学生英语作文常用词块类型及词块的使用频率。比较来说，名词词块使用频率（48.67%）>动词词块使用频率（22.60%）>介词词块使用频率（20.64%）>从句词块使用频率（2.88%）>形容词词块使用频率（2.75%）>副词词块使用频率（1.04%）。词块结构所呈现的特征是语法结构，而不是语义语块。换言之，二语学生语言表达重语法形式，轻意义传递。就使用频率而言，主谓结构（12.54%）>动宾结构（7.32%）> 副词+形容词（0.69%）；从数据看，学生语言表达重在建构语法框架，过多使用主谓、动宾等语法结构，而忽略信息内容，过少使用实义表达，缺乏副词词块、副词+形容词词块；介词词块使用频率（20.64%）远远高于副词（1.04%）这一实义词词块。在英语作文表达中，二语学生表达任何信息均使用语法结构，如“There is news.”“It seems to me that...”“As far as I'm concerned...”“There is no doubt that...”。其典型的线性成分结构是“名词+动词”，即动词预制块（prefabricated verb chunks）结构。

表1–1 中国高校二语学生英语作文常用词块类型及词块的使用频率

类型	频次（次）	比例	类型	频次（次）	比例
名词+动词（主谓）	5392622	12.54%	名词词块	9214893	48.67%
介词+名词	4949636	11.51%	动词词块	4279474	22.60%
动词+名词（动宾）	3149752	7.32%	介词词块	3908442	20.64%
形容词+名词	2981422	6.93%	从句词块	544624	2.88%

续表

类型	频次（次）	比例	类型	频次（次）	比例
副词＋动词	1831117	4.26%	形容词词块	519895	2.75%
系动词＋形容词	728285	1.69%	副词词块	237589	1.04%
副词＋形容词	297544	0.69%	—	—	—

表1–2给出了中国高校二语学生英语作文常用词块，其中列举了五类词块，每类含有10项最常用例词。它们均由语法结构构建，其常见语法结构是冠词＋名词、形容词比较级、动词＋宾语。NAEW语料库中常见的多词词串有“as every coin has its two sides”“some people hold the view that”“as far as I am concerned”“with the development of society”“There is no doubt that”“it is my personal position that”“last but not least”“from my own standpoint”等，这些词串结构均体现语法结构特征，口语化色彩较强烈。

表 1–2　　　　中国高校二语学生英语作文常用词块

名词词块	动名词块	动词词块	形名词块	形容词词块
the classics	stand test	read the classics	new understanding	more and more
the past	represent wisdom	think about it	other hand	most important
the wisdom	generate understanding	broaden our horizons	many person	very important
the future	read classic	forget the classics	young person	so many
the test	hold view	love it forever	same time	more important
some people	read classic	treat it correctly	new thing	most valuable
the world	explore world	protect them	classic work	too impetuous
my opinion	pay attention	explore the future	more person	necessary for us
the wisdom of the past	forget classic	inject new vitality	classical work	more strange
the development	let classic	discard the dregs	unknown world	important for us

总之，二语学习者信息传递依赖“句法表达而非词汇表达”（clausal syntax rather than lexical syntax）（Granger, 2009），在英语书面表达能力方面进步不明显，呈现停滞不前的状态。

（三）语言能力僵化类型

僵化现象涉及错误僵化（error fossilization）及语言能力僵化（language competence fossilization）（Selinker, 1972），本部分拟探讨后者。

NAEW 语料库中的内容多表现出三种语言能力僵化类型：词汇能力僵化、句子表达能力僵化及语篇建构能力僵化。在词汇上学生偏好选用动词，在句子表达上学生偏好语法结构及多动词排列；作文缺乏条理性，话题杂乱；句子及语篇结构较松散，呈散文的体式特征。NAEW 语料库文本中多处呈现多动词的用法，如“*help* mankind *make* progress”“*inspire* people to *explore*”“*need* to *gain* a rational insight”“*continue* to *save* the classic”“*need to study* hard”“*learn* more knowledge and techniques”“*get down* to venturing into the unknown world and *generate* new understanding of man and nature…”。

1. 词汇能力僵化

“学习者使用的词汇中，96.56% 的词汇是中学词汇，仅 3.44% 是四级词汇”（何旭良，2004）。NAEW 语料库显示，中国高校二语学生英语作文中过多使用某些常用词汇，如 person、thing、life、have、think、read、make、know、stand、need 等。大学生词汇运用能力进步不明显，呈现僵化状态。中国高校二语学生英语作文常用词及其词频如表 1–3 所示。

表 1–3　中国高校二语学生英语作文常用词及其词频

名词	频次（次）	动词	频次（次）	形容词	频次（次）	副词	频次（次）
person	555644	have	368981	new	214953	really	22109
time	367051	think	230347	classic	204671	especially	18440
wisdom	184743	read	206753	more	199076	secondly	16584
thing	177698	make	156653	many	160590	finally	11826
life	172995	know	111611	good	146825	deeply	9410
world	146981	stand	106411	classical	113274	widely	8869
culture	133804	need	86348	different	93073	increasingly	8674
development	123567	represent	81702	modern	66656	carefully	8334
view	119043	explore	72785	old	56535	gradually	8039
book	115717	go	72714	young	52325	recently	7149

NAEW语料库数据分析结果显示，词组使用频次呈现过多与过少两大极端。名词、动词、介词三类词组的高频次使用，说明学生在书面表达中侧重语法结构；形容词与副词词组的低频次使用，说明学生在书面表达中忽视词汇内容。

2. 句子表达能力僵化

我国大学生书面语句式结构亦呈僵化现象，涉及人称主语选择如例1；程式化表达如例2；语法结构句式表达如例3。

［例1］ Finally, *I think it is necessary* that *we should read classic*, as to better carry forward the traditional.

［例2］ *With the rapid development of society and economy*, great changes have taken place in our mindsets recently.

［例3］ Furthermore, *there is no denying* that *masterpieces contain ideas* that *contemporaries lack.*

如例1所示，人称主语是学生书面语语篇的首要选择，学生偏好选用人称代词作主语，尤其是第一、第二人称代词I或You；例2是开篇语，常见的开篇语还有“With the accelerating progress of human society”“In the long river of human's history”等；例3中的线性结构含有三个小句，共表达三个信息，每个小句仅表达一个信息，there is no denying四个词语仅表示undoubtedly单个词语之意。可见，语法结构句式会导致句子结构松散。

3. 语篇建构能力僵化

我国大学生英语作文篇章结构的主要特征是“间接迂回性”（indirect circuitous）、“缺乏条理性”（lacks organization）、“缺乏衔接性”（lacks cohesion）、“缺乏统一性”（lacks unity）、“话题分散，并缺乏一致性”（out of focus）等（Kaplan, 1966），留给西方本族语者的印象是陈旧（archaic）、笨拙（awkward）。这主要归因于东西方“文化思维模式”（cultural thought patterns）的差异，即东方思维体现“间接的迂回性”，如开篇“兜圈子”；西方思维体现“线性”，如开篇点题。

（1）首段表达僵化

话题的开头完全出乎本族语者的意料，表达兜圈子（in a rather indirect

way）、偏离主题（deviating from the essay theme），留给西方人的印象是冗长（lengthy）、笨拙（awkward），甚至不合时宜。学生所写作文的首段特征很明显，文章开头呈现“因果化”表达，其典型用语为“With the development of...”“In the long river of human's history...”“We are living in the 21st century now...”等。

首段开头体现中方标记性，如例4～例7：

［例4］　*With the rapid development of society and economy*, great changes have taken place in our mindsets recently.

［例5］　*In the long river of human's history*, a great many philosophers have left a great deal of spiritual heritage—classics to us.

［例6］　*We are living in the 21st century now*, it is obvious that history is extremely long especially in our country.

［例7］　*With the accelerating progress of human society*, there comes the issue whether we should study classics or venture into the future ambitiously.

（2）发展段结构僵化

这类段落发展的特征为“兜圈子”。学生惯用汉语思维谋篇，段落展开的具体体现是话题随意性大，多个话题共存于同一语段，句子不衔接，段落主题不突出，甚至跑题，如例8所示。例8虽然用了许多关联词语，但是话题仍存在不一致性。

［例8］　For instance, something called *non-mainstream* which was popular on the Internet has disappeared. To be honest, *I was* fed up with the weird ideas at one time. Last but not least, *understanding knowledge of classical culture* is the foundation of exploring new culture, in addition, what I firmly believe in is that it can also help strengthen new things. It is known to us all that the majority of *mathematical theorems* are established on the basis of the preceding ones. Meanwhile, *the new technology* can help people understand the classical culture better and carry forward the classics. For example, four years ago, *the painting called Qingmingshanghetu* which was displayed on three-degree version at the Shanghai World Expo Exhibition and Convention Center has been a hit all over the world.

例8的一大特征是话题多，如斜体词所示，本段共包含六项话题，而非限定在classics这一单一话题之上。概言之，我国大学生英语作文的连贯模式倾向于随意性，即散文体倾向。

这类主语安排常被视作车轱辘转动式结构，其原因正如Kaplan（1966）所述，“汉语段落模式对我国学生的英语作文影响较大。我国学生写英语作文时，往往下意识地使用汉语写作技巧”，即我国学生的英语作文始终没有脱离汉语的影响，散文式思维导致多个话题同时出现在某一段落中，段落中包含“与段落主题无关的内容”，导致跑题现象时有出现。

（3）尾段表达僵化

英语议论文是让事实本身说话，用事实本身说服读者，因而语气上比较节制，措辞比较温和，常使用如somehow/where、in moderation、possibly/possible/possibility、vaguely、similarly、seem(s) to do等；而汉语语篇中，“主观性的语言、意见和战斗性的言论就比事实和数据更为重要，比冷静的分析更具有鼓动性。这就是为什么这类文章中充满了‘我们应该’‘我们必须’……”（魏在江，2007b）。

受汉语思维的影响，标语式、口号式的表达常出现在我国大学生英语语篇结尾段落，如例9～例10所示。

［例9］ As all remarked above, those who ignore these classics *are entirely wrong*. We're supposed to *take great efforts* to put them into the education and keep them fresh.

［例10］ Generally, *it is necessary* for all generations to read the classics, ours being no exception. Having stood the test of time, they are worthy of being valued, for they provide us with old wisdom, life experiences and so on. Thus, *let's go into action* and *cherish them earnestly*!

语言能力僵化与思维方式息息相关。汉语的主体性思维方式和英语的客体性思维方式对英汉语篇的话题选择具有重要的影响。汉语受主体性思维影响，主题多以人为主，英语受客体性思维影响，主题多围绕客体展开。在语篇展开过程中，汉语经常以人作为思维的起点，而英语则多以客观事物作为思维的起点。

其他僵化表征，如发散式开头及号召式尾段，可以追溯至汉语文章章法的“起、承、转、合”。“起”是文章开端，“承”是对开头加以分析、论证。有时只从一个角度分析、论证还不够，还要从另一个角度去发挥一番，或者是先从正面分析、论证，再从反面分析、论证，这就是所谓的“转”。把问题分析清楚了，要提出解决问题的办法或得出一个结论或写出它的结局，这就是所谓的“合”，也就是文章的结尾。总之，由于缺乏目标语的文化适应性，在英语写作中学生往往更多地依赖其母语知识。

（四）僵化原因

过渡语僵化现象可归因于五个因素——“语言迁移（language transfer）、教学迁移（transfer of training）、不良学习策略（inappropriate learning strategies）、不良交际策略（inappropriate communication strategies）及目标语过度概括（overgeneralization of TL linguistic material）”（Selinker, 1972）。

本书数据所涉及的僵化现象可归因于文化适应性缺乏，并非“由于缺乏足够的目标语知识”（戴炜栋、束定芳，1994）。在非目标语语言环境（non-target language environment）下，二语学习者一般依靠母语和过渡语建构语篇。

文化适应性缺乏的教学体现之一是，教学忽略文体区别，尤其是口语和书面语的区别，导致学生缺乏语体意识，以致英语作文中口语和书面语混搭现象突出；教学体现之二是，多数老师不清楚口语和书面语的句式特征，不清楚书面语的主题是人称还是物称，不清楚段落表达中的话题是单一还是多元等；教学体现之三是，写作教学策略以语法正确性为最高取向，而这一策略下的教学结果必定是我国学生英语作文的不地道性。如针对“25路车开往Salinas”，其英语线性结构可以是“This is bus 25 that drives to Salinas.”，也可以是“This is the 25 bus bound for Salinas.”或“This is line 25 service to Salinas.”[①]。谭捍卫（2014）发现，前者是二语学习者的典型表达，后者是目标语说/写者的

① 这三个英语句子来自2014年12月25日谭捍卫老师在中国政法大学科研楼B211室“学习诊断和最佳学习效果”的讲座。

典型表达。二语学生可以写出语法正确的线性表达，而正确性不一定能保证地道性或本族语性。

（五）目标语文化适应策略

不同文化背景下的书面语语篇呈现出不同特征，也呈现出显著差异（Kaplan, 1966）。以汉语为母语的学习者往往依靠母语和过渡语处理书面表达问题，而“母语思维参与量越大，写作成绩就越低”（文秋芳、郭纯洁，1998），呈母语负迁移（negative transfer）现象。Selinker（1972）将其界定为过渡语僵化现象。

学者们（Faerch and Kasper, 1983: 49；Dornyei and Scott, 1997: 173；Tarone and Yule, 2000: 109；Spolsky, 2000: 51；等等）相继提出化解僵化现象的策略，这些策略集中于语内、语外策略。语内策略涉及过度概括语法规则或词汇意义；语外策略涉及母语负迁移、避免话题、信息减损、语法转换、换个说法等。语外策略中的母语迁移是国内文献（戴炜栋、束定芳，1994；文秋芳、郭纯洁，1998；杨玉晨，2003；周云红，2003；梁茂成，2011；等等）所论焦点，被概括为文化适应性“缺乏症”或文化性僵化（谭捍卫，2014）。

“二语学习者文化适应能力将决定其第二语言能力”（Schumann, 1978: 34）。换言之，二语文化适应能力关乎二语学习的成败。帮助缓解直至克服僵化问题，以提升二语学习者的本族语文化适应能力，是本书的另一重点。

在非本族语语境下，本书拟依托诸多相关理论如社会读写视角（social literate approach）、体裁理论、批评对比修辞理论、互文性（intertextual approach）教学、需求分析（needs analysis）教学、以内容为依托（content-based）的教学理论等，提出思维借用文化适应策略，通过借用来缓解或消除文化僵化现象。

1. 强化英汉文化对比，让学生意识到英语作文中的僵化现象

英汉文化相异方面很多，两者特征对比如表1-4所示。

与西方线性思维相异，汉语思维重整体，重悟性，不重形式；语法“以达意为主”（王力，2015）；语篇（说明文、议论文）、段落发展模式呈自然思维模式，即呈“因为……所以……”（the Because-Therefore structure）归纳类结构（施康隆，2000：45）。“汉语思维习惯重悟性，而英语思维习惯重理性”

（潘文国，1997：361）。英语语篇段落呈直线型发展，受制于逻辑，汉语语篇段落呈螺旋型发展，呈发散特征。不适应目标语文化的结果一般是语篇僵化，其类型如前文所述。

表 1–4　　英汉文化特征对比

发展模式	汉语	英语	思维与表达	僵化类型
思维特征	螺旋型	直线型	意合与形合	3.1、3.2、3.3
主题	不明确界定	明确界定	悟性与理性	3.2、3.3
结构排列	发散主题、收拢回到主题	以主题为中心，按顺序展开	归纳与演绎	3.2、3.3
修辞序列	原因—结果	主题思想—理由—总结主题思想	发散与约束	3.2、3.3

学生作文读者、作者显现度语言参数离散量如表 1–5 所示，从中可以看出，学生作文在使用名词前置修饰语方面呈现出广泛性和普遍性，这种均衡性是形名共现所致。在语料库中，形容词使用频率为99.9%，其中作定语的比例最大，占形容词总数的67.4%，所以形容词与名词的共现率比较高，大多数形容词自然构成名词前置修饰语，其他语言特征均呈现极度显著性差异。

表 1–5　　学生作文读者、作者显现度语言参数离散量

项目	最小值	最大值	均值	标准差	X^2	P
我（I）	0	28	4.90	6.307	79.091	0.000***+
你（You）	0	24	1.90	4.350	405.000	0.000***+
她 / 他（She/He）	0	80	7.84	9.550	62.711	0.000***+
分词作名词	0	6	0.82	1.233	98.247	0.000***–
修饰语						
介词短语	0	16	4.87	3.620	56.632	0.000***–
名词修饰语						
名词前置修饰语	9	63	27.29	10.315	15.895	0.998 +
名词后置修饰语	1	31	10.67	6.898	46.368	0.004 –
名词化	1	52	16.86	9.796	30.308	0.000***–
被动语态	0	7	2.13	1.701	43.846	0.000***–

续表

项目	最小值	最大值	均值	标准差	X^2	P
名词修饰语						
"wh-" 关系从句	0	16	5.46	4.025	56.785	0.000***+
因果状语从句	0	8	1.81	1.505	60.247	0.000***+
"that-" 从句	0	20	3.18	2.905	64.351	0.000***+

"一个将外语和学生母语进行过比较的外语老师，将能够更好地了解真正的问题所在并能设法解决这些问题"（Ellis, 2008）。课堂教学中应该给学生展示大量的本族语语篇（优美英语散文、医学英语语篇、法律英语语篇，TED① 演讲，CNN② 等网络版的或纸质版的目标语语篇），以加大本族语语篇与学生语篇的对比。

根据调查可知：本族语者使用简单句较多，我国二语学生使用复合句较多；本族语者的简单句特征呈现为信息多、思想复杂，二语学生简单句特征呈现为结构简单、信息单一、思想简单。本族语者的简单句常呈现多意义信息结构，增添信息的方法是"主语与谓语分离""冠词与名词分离"等。强化英汉语篇，甚至是英汉文化的对比，有助于提升学生的文化意识，引导学生寻找本族语的思维特征。

2. 加强段落内部的语义衔接，避免话题分散

建构同一段落的同一主题的语义内容时，写作者应强化近义词语义场；重复关键词，以确保全文话题一致；不随意更换主语；下文应与上文的内容有衔接，用名词或概括词语保持同一话题，如例11。

［例11］①First of all, watching TV has the value of sheer *relaxation*. ②Watching television can be *soothing* and *restful* after an eight-hour of pressure, challenges, or concentration. ③After working hard all day, people look forward to *a new episode* of *a favorite show* or yet another showing of *Casablanca* or *Red River*. ④This period of *relaxation* leaves viewers *refreshed* and *ready to take on the world again*.

---

① TED是Technology, Entertainment, Design的缩写，即技术、娱乐与设计。

② CNN是Cable News Network的缩写，即美国有线电视新闻网。

例11构建了“电视优势”近义词语义场，如斜体词所示。这些近义词句分别是relaxation、soothing、restful、a new episode、a favorite show、refreshed、ready to take on the world again，它们实现了段落内容的一致性（unity）。例11中，句与句之间的衔接还涉及其他语义衔接手段：关键词语重复，如第二句开头重复第一句的关键词语；概括手法的使用，如第三句的开头（After working hard all day）概括了第二句的结尾（after an eight-hour of pressure, challenges, or concentration），第四句的开头概括了第三句内容。近义词语义场、关键词语重复、概括手法的使用使段落自然连贯。

3. 借用目标语学术语篇思维资源，使过渡语凸显地道性

在日常教学中，老师应带领学生共同再现英语目标语语篇，拆解西方思维资源，将其转化为学生思维，从而应用到学生英语习作中。借鉴多类范例语篇，给学生提供语言规范及学术语篇结构的范例，让学生分析目标语语篇在逻辑结构、思想内容、形式规范等方面的共性。揭示目标语的语言规范时，老师应为学生提供地道性的线性排列序列，如多词序列、轻动词搭配、非相邻结构等。

源语篇与新语篇互文可以挖掘学生书面语中的口语化根源，源语篇与新语篇互文解释有助于提升学生习作的地道性。例如，对于英语动词make的用法，绝大多数学生习惯使用结构式make somebody do，这类语言表征在本族语语篇中很少见，常见的结构是make搭配名词宾语与宾补，如make nouns nouns或make objects adjectives。这里可以参照超文本技术（hypertextuality），检索语料库中大量的本族语语篇资源，以便分析、总结make词语本族语搭配特征。这样，学生自然就摆脱了汉语思维对英语表达的干扰。以类似的方法，老师再向学生介绍英语动词prompt，使学生掌握prompt somebody to do的用法。源语篇与学生习作（新语篇）的互文解释有助于学生独立写出地道的英语作文。

（六）结语

本部分分析了我国大学生英语写作能力僵化现象，将其概述为三种类型，分析了僵化的原因，探究了目标语文化适应性策略。我国大学生英语写作能力僵化现象需要老师与学生共同的努力才能缓解。

二、高阶英语学习者议论文语域变异特征实证研究

（一）引言

语体的重要性是交际能力强调之焦点，也是中外研究者之兴趣点。大学英语教学培养学生的交际能力，建议学生最好使用几种语体（邓炎昌、刘润清，1989: 249）。Bernstein（1971）在语言变体研究中界定了限制语码（restricted code）和精致语码（elaborated code）两个参数，认为精致语码是学业成功之根本。Biber等（2000: 35）也倡议，“驾驭不同语体对语言使用者来说至关重要，或者可以准确地说，任何时候，我们所使用的语体都不是单一的，我们是在用各种不同语体来交谈和写作”。学者们一致认为，语体能力是英语学习者尤其是高阶英语学习者必备的交际能力。

然而，语体的表达差异易被忽略，甚至在“英语的研究中还未得到足够重视”（文秋芳，2009），例如，Wolfe-Quintero等（1998: 4）提出，“二语学习者的发展水平检测的三个标准：流利、准确及复杂性”；Seliger和Shohamy（1999）提出，“二语研究的四个参量：综合法与分析法、启发式与演绎法、控制程度、数据收集与分析”。上述研究都未提及语体、语体的形式表征、语体形式表征之表达差异。

同时，语体也是写作教科书的一个盲点。例如，享有盛誉的《美国大学英语写作（第6版）》，“它全面、系统、实用、新颖，是一部高起点的英语写作教材，适合我国大学英语专业二、三年级学习，以及非英语专业基础好的高年级学生和研究生使用”（史宝辉，2007），但这本书没有提及语体及语体表达技巧，甚至多处出现语体混搭的情况，如Langan经常使用缩写结构，即使在理论阐释部分也不例外，在“掌握常见短文写作的好处”（Langan, 2014）和“论证策略”（Langan, 2014）中，缩写式“You'll”和“they don't”分别出现4次和1次。

语体混搭现象在《英语专业写作》中也存在，正式语体（formal register）与非正式语体（informal register）混合现象甚至出现在主题句中，如“I'd like to tell you what my father looks like.”和“Deep sea diving can be a safe and exciting sport if you prepare carefully.”（王星，2013：92，133）。

这都表明，老师也会忽略语体变异之特征，或者说对正式英语与非正式英语之表达差异未给予足够的重视。高阶英语学习者甚至会混淆同一词族变体，如can't、can not和cannot。其结果是“学习者的英语呈混合语体，时而口语中带有书面语体倾向，时而笔语中带有口语体倾向”（文秋芳，2009）。“高阶英语学习者虽然犯词汇句法错误较少，但他们表达词句的方式却不地道（in a nonnative way）”（Aijmer, 2009: 4）。

总之，学习者语篇中互动性和信息性共现，口语性和正式性共现。本书拟在语料库视角下观察英语专业学生议论文语域之变异特征，并参照本族语数据，揭示学习者议论文特征不均衡的原因。

本研究具体回答三个问题：

①学习者议论文与本族语者学术文本、会话文本等之间存在哪些差异？

②学习者之间议论文语域特征是否存在显著性相关关系？

③高阶英语学习者议论文语篇变异特征是否朝着接近本族语者书面语语篇特征方向发展？

本研究分别涉及跨语域语体特征数据考察和学习者语篇特征内在数据考察。

（二）研究设计

本研究中，英语专业本科生议论文电子文本库（以下简称学习者语料库）的库内文本涵盖不同的议论文主题，是经过反复修改后可以再现学习者当时最好的写作水平的作文。学习者是教育部某高校英语专业二年级本科生（平均年龄20岁），其英语水平较高。学习者语料库共有78篇作文，总字数为27564字符，句子总数为1469句，句子平均长度为18形符。参照数据主要源自本族语者语料库，包括5000万词的朗文英语口语和笔语语料库（LSWE）、百万词的兰开斯特—奥斯陆/卑尔根语料库（LOB）和50万词的伦敦—隆德英语口语语料库（LLC）。本书不展示学习者语料库语言全貌，只考察典型语言特征之频率，分别涉及读者/作者显现度典型特征和词汇分布情况。第一阶段考察学习者议论文的典型特征；第二阶段进行对比分析，对比在词、短语、小句、语篇四个不同层面上进行。

1. 研究变量

学习者语料库议论文语域特征理论框架（见图1-1），源于Chafe（1982: 35）的两对语体变异维度特点和Biber（1988: 3, 9）的多维语体变异特征。理论表明，书面语与口语都有自己显著的特征：书面语特征参数包括被动语态、名词化、名词前置修饰语等，表明作者远离（detachment）语篇；口语特征体现在介入性，主要参数是第一、第二人称单复数，that宾语从句等。口语与书面语的显著区别在于“直接与听众互动”（Chafe, 1982: 36），Hughey (1983) 也认为名词常用前置修饰语，后置修饰语少；英语口语语篇一般不用介词短语、分词短语和独立主格结构。名词频率高说明文本信息量大，这就是英语名词优势和介词优势（连淑能，1993：105，113）。虽说这些维度是不同的，但是它们“不是相互独立的，而是相互依赖的，呈现着维度的统一性和预知性。如果某一语篇含有许多被动语态，那么它就会含有许多名词化表征，相反，它所含有的人称代词和缩写就会非常少”（Biber, 1988: 15），此语篇就会被概括为信息密度高、作者显现度低，即属于书面语语篇；若表现为反向特征，则该语篇属于口语语篇。

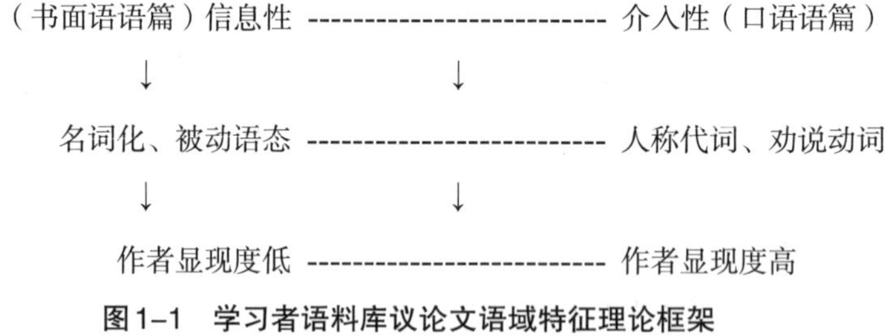

图1–1　学习者语料库议论文语域特征理论框架

基于上述理论，本书拟研究的语言特征群可以界定为：词汇类符/形符频率（TTR①）；名词化、分词、前/后置修饰语、介词短语、被动语态、人称代词；“wh–”从句、“that–”从句、因果状语从句，分别跨越四个不同层面：词汇、短语、句子和语篇。

此外，本研究借鉴了Biber等（2000: 144）、Biber等（1999: 53）、Biber（1995）和Kennedy（2000: 164）的研究成果，反观学习者书面语变异特征，依据两个选择标准：跨语体且量化的语体特征，如学术文本、公文文本、演讲文本、会话文本，保证语体特征的区分率；语体特征有典型性，如TTR、名词短语结构和被动语态、关系从句、语篇特征等，共16项语体特征参数。

① TTR是Type-Token Ratio的缩写，类符形符比，是衡量文本中词汇密度的常用方法，可以辅助说明文体的词汇难度。

其中，本族语者词汇、短语和从句数据分别参照Biber等（1999: 53）和Biber等（2000: 141）的著作。

2. 研究工具

本书使用Tree Tagger自动词性赋码软件对学习者语料库进行赋码标注，使用PowerGREP和AntConc 3.2.3检索软件，用正则表达式进行检索，再用统计工具Excel-Normalization、SPSS[①]和Chi-square Calculator提取数据。其中，名词化频率检索较为复杂，本书首先使用正则表达式“\S+_N\w”搜索学习者文本中的所有名词，其次手工删除名词化词语，最后得出名词化频率。

（三）结果与讨论

1. 学习者跨语域 TTR 对照表

AntConc#3.2.3检索结果显示，学习者文本（78篇）共包含形符（tokens）27564个、类符（types）2937个，TTR为52.6%。本书采用词汇密度标准化TTR统计方法，分8次统计TTR，再求平均值。由此可知，学习者文本TTR为52.6%，较接近会话文本TTR（57%），但远远低于新闻文本TTR（75%）。句子平均长度（18形符）几乎等于“布朗语料库所有文体的平均句长（18.40形符）”（Kennedy, 2000: 158）。学习者跨语域TTR对照如表1-6所示。

表 1-6　学习者跨语域 TTR 对照［基于 Biber 等（1999: 53），有改动］

	学习者文本	会话文本	新闻文本
形符（个）	27564	140	139
类符（个）	2937	80	105
TTR（%）	52.6	57	75

2. 三类语域中短语使用频率对照表（见表 1-7）

表1-7是学习者议论文中名（动）词修饰语、名词化和被动语态使用频率（每1000字平均值）对照，学术文本均数和口语文本均数数据源自Biber等（1999: 291）和Biber（1995），学习者文本均数数据源自学习者语料库。

① SPSS是Statistical Product 及Service Solution的缩写，即统计产品与服务解决方案。

依据表1–7，从本族语学术文本角度看，学习者文本语言表征在使用频率上存在过多、过少和相对平衡三种取向。

学习者过少使用的三类语言表征依次是介词短语作动词修饰语（8.09%，3.57/44.1）、被动语态（8.5%，2.13/25）及介词短语作名词修饰语（12.7%，4.87/38.2）；过多使用的语言表征为名词前置修饰语（218.8%，70/32）；接近学术文本的语言表征呈现较为平衡的特性，分别为名词修饰语（70%，42/60）、动词（77.8%，6.3/8.1）、名词（112%，3.81/3.4）、名词后置修饰语（44.1%，30/68）、现在分词、过去分词作名词修饰语（40.8%，2/4.9）。

另外，接近口语文本的语言表征为被动语态（106.5%，2.13/2）及名词化（140.5%，16.86/12）。平衡性的语言表征说明学习者有一定的进步，而过多及过少使用语言表征的数据表明，学习者的语言表征偏离了英语学术文体规范；再者，接近口语的语言表征，亦表明学习者对学术文体的偏离。

表1–7　学习者议论文中名（动）词修饰语、名词化及被动语态使用频率对照

项目	学习者文本均数	学术文本均数	口语文本均数
名词	3.81	3.4	19.4
动词	6.3	8.1	11.3
名词化	16.86	27	12
被动语态	2.13	25	2
名词修饰语	42	60	15
名词前置修饰语	70	32	7
名词后置修饰语	30	68	7
介词短语作名词修饰语	4.87	38.2	16.8
介词短语作动词修饰语	3.57	44.1	45.8
现在分词、过去分词作名词修饰语	2	4.9	0.2

学习者文本语言线性表征可以形式化为：（人称代词>）前置修饰语+名词>名词+后置修饰语>名词+介词短语>介词+动词短语。学术文本（如editorials）语言线性表征可以形式化为：名词+后置修饰语>动词+介词修饰语>名词+介词短语>前置修饰语+名词>（单一名词>）人称代词。两者形

式化方向正相反，对照表明：介词短语作名（动）词修饰语是学习者文本的一项空白。

3. 三类从句频率分布调查

五类语体样本分别是LSWE的会话文本、演讲文本、公文文本、学术文本和学习者的议论文。其中，会话文本与演讲文本属于口语语体，公文文本和学术文本属于书面语语体。“wh–”从句在会话文本中比在学术文本中更常见，that引导的宾语从句在口语文本中最常见，that引导的定语从句在学术文本中最常见。通过数据（Biber, et al., 1999: 649, 688）对比可知，学习者过多使用“wh–”从句、“that–”从句和因果状语从句。这进一步说明，学习者的书面表达更加注重语法正确性。

“wh–”从句、“that–”从句和因果状语从句平均频率跨语域对照（每1000字符）的情况如表1–8所示。

表1–8　　三类从句平均频率跨语域对照（每1000字符）

语域	篇数（篇）	“wh–”从句	因果状语从句	“that–”从句
学术	80	6.8	0.3	3.2
公文	14	8.6	0.1	7.6
会话	44	2.9	3.5	4.1
演讲	14	7.9	1.6	7.6
学习者议论文	78	15.5	5	9.1

4. 学习者语篇变异量化特征考察

语篇特征以人称代词为主，因“第一、第二人称是语篇参与性的主要标志”（Biber, 1988: 125）。表1–9、表1–10、表1–11、表1–12分别为会话文本、学术文本、小说文本、新闻文本与学习者文本的人称代词跨域使用频率卡方值对照［本族语数据参考Biber等（1999: 25, 334）］。其中，符号“+”和“–”分别表示过多使用（overuse）和过少使用（underuse）。

表 1-9　　人称代词跨域使用频率卡方值对照（一）

人称 / 语域	会话文本	学习者文本	X^2	P
第一人称	196475	383	754.79	0.000***-
第二人称	117885	148	573.83	0.000***-
第三人称	251488	632	774.01	0.000***-

表 1-10　　人称代词跨域使用频率卡方值对照（二）

人称 / 语域	学术文本	学习者文本	X^2	P
第一人称	6000	383	3758.93	0.000***+
第二人称	1000	148	3438.14	0.000***+
第三人称	13500	632	4337.80	0.000***+

表 1-11　　人称代词跨域使用频率卡方值对照（三）

人称 / 语域	小说文本	学习者文本	X^2	P
第一人称	25000	383	19176.2570	0.000***-
第二人称	11000	148	6681.9378	0.000***-
第三人称	56000	632	109756.749	0.000***-

表 1-12　　人称代词跨域使用频率卡方值对照（四）

人称 / 语域	新闻文本	学习者文本	X^2	P
第一人称	10000	383	2099.670	0.000***+
第二人称	2000	148	1744.411	0.000***+
第三人称	23000	632	2224.314	0.000***+

以上数据表明，人称使用频率显示出极高的显著性（$P < 0.001$），在学术文本和新闻文本中过多使用，在会话文本和小说文本中则过少使用。跨域对比研究表明，从人称使用频率看，学习者议论文处于学术文本与会话文本之间、新闻文本与小说文本之间。

本数据与 Thomas 和 Wilson（1996: 103）“医患对话”语篇数据一致，这说明有一部分学习者把人称当作语篇衔接词。学习者对三类人称的使用频率顺序是：他＞我＞你，这一结果不同于马广惠（2007：21）的排列：我＞他＞你。过多使用三类人称，可能是学习者视角转换或修辞迁移所致，“说明他们有意或无意地采取了一种和潜在读者进行心理交谈的写作策略，用以弥补其语言能力的不足，使之在构思和写作过程中能保持思路的不间断和写作的连贯”（马广惠，2002: 347）。

（四）跨语域对比分析

本部分选择词汇—语法结构中四个不同层面作定性分析：①TTR对比；②三类语域中短语使用频率；③从句频率分布；④语篇变异量化特征。

1.TTR 对比

关于TTR，Biber等（1999: 53）认为，“TTR与文本的长度成反比，语篇越长，则TTR越低”。为避免这一偏差，本书采用标准化类符/形符比（standardized type-token ratio）来计算词汇密度，把文本分为8段，分别统计类符/形符比，再求其平均数。学习者文本TTR（52.6%）非常接近会话文本TTR（57%），但远远低于新闻文本TTR（75%），即新闻文本＞学习者文本＞会话文本。这说明学习者文本与本族语者会话文本一样，涉及更多的词汇重复。“口语文本TTR低于学术文本TTR，（因为）重复是口语文本的典型特征”（Biber，et al.，1999: 53）。Kennedy（2000: 67）也认为，“语料库文本中，40%～50%的词类（型）仅出现1次”，“口语文本词汇重复率高的词语是the（10）、Mr.（5）；新闻文本重复率高的词语是I（13）、yeah（10）”。这些高重复率词语中一半为语句单位（the、I），一半为非语句单位（Mr.、yeah），皆为封闭词类。然而，学习者文本词汇重复则涉及各个词类层面，如封闭词we（198）、you（148）、I（104）、they（143）；开放词think（27）、know（22）、feel（16）、say（16）、believe（9）、suppose（8）、like（8）、assume（2）、doubt（1）、hope（2）；私人动词（private verbs）等。

数据来自对78篇学习者议论文的检索。词汇重复还体现在名词类（名词化）中，如例1所示。

［例1］　Nowadays, as a way of promotion, *advertisments* exist everywhere. When watching TV at home, walking on the street, or taking a bus, we can find *advertisements* in many forms. Most of us are easily tempted by the *advertisements*, some even are used to selecting goods according to the description in the *advertisements*. It is necessary to take a proper attitude to *advertisements*. We should see the essence of *advertisements* and realize the disadvantage of believing in the *advertisements* totally.

如以上数据和例1所示，学习者词汇重复涉及面广，并且重复次数多，致使学习者文本TTR较低（52.6%）。对副词usually类的数据跨域对照再次说明，学习者词汇使用尤其是近义词使用范围很窄，缺乏广泛性。

目标语语料库（布朗语料库和兰开斯特—奥斯陆/卑尔根语料库）按学术分类，共320000形符，近义词有22项，5个最常见的副词使用频率依次是in general（124）> normal（119）> usually（105）> common（104）> generally（78）。学习者语料库中，近义词有13项，5个最常见的副词依次是often（21）> common（12）> usually（4）> in general（3）> in most cases（2）。

数据对比表明学生用词较为集中，学习者表达“常常”一般锁定在两个词上：often 和common，很少使用下列词语：regular、regularly、ordinarily。对同一个词，学习者也常常偏重某一词例，忽略其他。例如，词语custom的形符中，学习者通常使用custom的动词和名词形符，而几乎不使用形容词customary和副词customarily形式。

2. 三类语域中短语使用频率

我们发现学习者文本短语使用频率为：前置修饰成分>不定式短语>后置修饰成分>介词短语名词后置成分>介词短语动词后置成分>未带施动者被动句>现在分词短语成分>过去分词短语成分。

与本族语数据比较，学习者过多使用前置修饰成分：前置修饰成分为后置修饰成分的两倍以上，而且前置修饰语以定语形容词为主（72%），较常使用不定式短语，过少使用后置介词短语成分、现在分词短语成分，几乎不使用过去分词短语成分。三类非限定动词形式后置修饰语中，“现在分词与过去分词都常用在学术文本中，比较来说，过去分词短语比现在分词短语使用率更高”“所有语域中，介词短语是后置修饰语中最常用的一类”；而“不定式结构作后置修饰语更常见于会话文本而非书面语文本”。名词前后置修饰语数据说明，学习者名词信息线性排列没有体现“从低到高，即尾部焦点的原则”

（Quirk, et al., 1985: 1357），而是呈反向，即从高到低排列信息。

3. 从句频率分布

我们发现，学习者文本过多使用各种从句，如补语从句、因果从句、状语从句、“wh-”从句。

在78篇议论文中，学习者使用各类从句多达980例，其中“wh-”从句428例，约占43.7%；“that-”从句247例，约占25.2%；因果从句139例，约占14.2%；“but/however-”从句101例，约占10.3%；“if-”从句50例，约占5%；“though/although-”从句16例，约占1.6%。在247例“that-”从句中，“that-”宾语从句61例，约占24.7%；that引导的定语从句102例，约占41.3%；“that-”强调句38例，约占15.4%；（so…）that从句21例，约占8.5%；that引导的表语从句26例，约占10.5%。

根据这些数据，我们得出学习者从句使用频率为：“wh-”从句>“that-”从句>因果状语从句>其他状语从句……即，学习者语篇呈现“词汇的语法表达”之特征。

“that-”从句的文体特征具有一定的争议性。Quirk等（1985）认为书面语比口语更倾向于使用“that-”从句（P=0.006），“that-”引导的从句体现补充说明功能，或表示信息的添加、修补，如定语从句，“that-”引导的名词性定语从句在学术文本中最常见（Biber, 1988: 231）；“that-”从句高频率体现在口语语域中（Biber, 1988: 231），表示个人立场的补充，如宾语从句（I think/hold that…），传递个人情感色彩。在Biber的模式中，that引导的宾语从句在口语语篇中最常见；that引导的宾语从句和定语从句体现信息的断续性和介入性（involvement）语言特征。用第一人称和第二人称来表示作者和读者，用动词think及feel等来表示“与说话者个人立场有关的信息”（Aijmer, 2009: 252），体现个人化的风格，例如，I think结构在我国英语学习者议论文中“反映作者高介入特征”（Aijmer, 2009: 252）。“由人称代词+动词短语构成的依存从句是会话文本中最流行的词串形式”（Biber, et al., 1999: 1002）。

4. 语篇变异量化特征

第一、第二人称代词兼有传达信息和与听众交流的双重功能。这些特征体现了语篇人际信息功能的交互性、情感性等属性。“一方面，说者参与对话，与听者交流信息，如表达个人态度、见解和感情，再现主观性；另一方面，作者创作文本，尤其在学术和公文语域中，再现客观观点或者客观表达自己的建议”（Brown and Yule, 1983: 201），“在Biber的模式中，第二人称代词和语篇虚词同属于信息性/参与性这对功能维度中参与性一方的语言特征，反映出语篇的互动性……表明其有一定的口语特征”（马广惠，2002）。

从认知角度看，回指词的所指均指代语言层之外的心理实体，学习者议论文中的人称指代，大多数不确指说话者，而是指潜在对象，表征语篇作者扮演社会活动的互动参与者，如例2所示，采用第三人称单数的形式。

［例2］ Family love is the smile of a mother when she sees her baby sleep sweetly; family love is the lesson a father gives to his naughty boy when he breaks the vase; family love is the support the relatives give to someone when he meets with setbacks; family love is the laugh, sorrow, tears that others cannot understand.

（五）学习者笔语特征不均衡性及动因分析

语料库数据呈现类型学特征，如一篇书面语中名词含量高，则介词用例也高，人称代词缩写等就会很少，这就是语言特征维度的同现性或统一性。但学习者文本则表现出失衡特征。出现这种情况的一个重要原因是私人动词（private verbs）的使用。这会导致人称的过多使用，体现高频率的介入性（involvement）语言特征。过剩的交互信息必然导致分离性内涵不足，名词化表达、被动语态等的使用过少。此外，介词短语作名（动）词后置修饰语也很少见，名词后置修饰语也较少使用。这说明学习者书面语多词单位使用不足（underuse），De Cocks（Granger, 2009: 27）也得出相似的研究结果，“对本族语者和学习者语言调查的结果一致显示，相对于本族语者而言，学习者或者没有使用多词单位，或者很少使用多词单位”。学习者过多依存从句，注重句法结构，忽略词串表达。

依据学习者语料库，以词语access为例，学习者耳熟能详的是accessing、accessible、get access to，而对其他形符的多词表达则感到陌生，例如be accessed to、offer access to、facilitate access to、allow access to a quality of，甚至鲜为人知，如the inaccessibility of doctors。如上述学习者语料库数据所示，多词序列单元容易被学习者忽略。

造成学习者语篇显著差异性（$P < 0.001$）的一个原因是学习者的个体偏好，某学习者偏好使用某一语言特征结构，如“人称主语+主观谓语+宾语”，则这类特征使用频率就较高。学习者文本数据显示，主谓宾句式使用很普遍，而现在分词、过去分词作名词修饰语的频率则较低，相比较来说，过去分词作名词修饰语的情况则更少（8例），在学习者语料库中，有45篇没有出现一例这种情况。在使用分词修饰语的33篇文本中则出现了集中现象，第33篇6例，第75篇5例，第21篇5例，第28篇4例，其余1～2例。学习者语域特征之偏好可能源于其语法观念的稳定性，“观念一旦形成，便和其他知识一样储存在长期记忆中，成为知识体系的一部分，不容易改变”（文秋芳，2001）。学习者在大学阶段语法知识已相当稳定，而其语域意识则不稳定，知识与观念的互渗是学习者形成文体特征个体偏好的一个潜在原因。

（六）结语

数据显示，学习者议论文变异特征呈学术化倾向而不是口语化倾向。学习者议论文中几乎没有缩写情况，人称代词使用频率远远低于会话文本和小说文本，但还是高于新闻文本和学术文本；三类从句使用频率也低于会话文本和演讲文本，名词和动词的使用频率、名词修饰语、名词化都接近学术文本，连使用频率最低的被动语态和介词短语也都高于会话文本和口语文本；表征词汇密度的类符/形符比（52.6%）也趋近丰富度（60%）。

学习者议论文文本特征存在的主要问题概括如下：

① 学习者过多使用各类从句，过少使用非限定结构及被动语态，缺乏名词化表达、非词汇化表达和多词序列表达；

② 学习者掌握了语法结构，却忽略了表达的可接受性和地道性；

③ 学习者笔语语域差异与本族语者笔语语域差异相比，既有量的差别，也有质的差别。

这个特点基本支持了前人的研究发现（王立非、张岩，2006；文秋芳等，2003；文秋芳，2009），但不同于马广惠（2002）的观点，即“中国学生的作文具有正式性”。

对比发现，学习者议论文文本总体上符合我们的基本预想，学习者书面语文本过度使用本族语者口语体语言规范，过少使用本族语者书面语体语言规范。总体上说，学习者对语域特征不敏感。

根据语料数据本身，我们无法准确指出其产生原因，仅可以推测出以下四种可能性：

①教材语体不明确，甚至出现语体混搭现象（如前言所示）；

②英语教学以知识为中心，侧重语法性，忽略得体性；

③学习者侧重句法结构学习，强调句式技巧和句法多样性，简单句、并列句和复合句兼具使用；

④学习者接触大量的口语体语料，如老师英语授课、英语广播、电视、电影等。本研究是以名词短语为核心展开的，所涉及的动词方面较少。

语言教学的中心是词汇，而不是语法，因为“语言是语法化的词汇而不是词汇化的语法”（Lewis, 1997: 4），所以，应“把词串混合搭配作为教学重点”（拜伯等，2000：F16）。语言运用是核心，教学应充分利用英语本族语者的语料，如柯林斯（Collins）在线语料库，观察词汇使用的语境，总结词汇搭配形式，掌握本族语者常用的词块，以提升学习者书面语之地道性和得体性。

本研究是对个人语料库的尝试分析，它从侧面揭示了学习者书面语的缺点。当然，本书所用学习者语料容量不大，话题内容有很大局限性，因此本研究的结果和发现有待进一步验证。

三、中美大学生议论文语篇中模糊限制语语用功能对比研究

（一）引言

模糊限制语（hedges，以下简称模糊语）是模糊性（fuzzier）修饰语（Lakoff, 1972: 195），呈一词、多词或句法多种类型，是慎重表达未经证实的命题的至关重要的手段（Hyland, 1996），有助于达成成功的读者与写作者关系（Swales, 1990）。模糊语是二语书面语成功交际的重要指标（Connor and Lauer, 1988），是二语学术写作的重要特征（Johns, 1997: 240; Hinkel, 2005）与关键技巧（Hyland,1998b: 241），也是议论文的关键元器件（Connor and Lauer, 1988），有助于满足命题的充分条件，达成人际的可接受性条件（Hyland and Milton, 1997）。概言之，英语书面交际能力与模糊

语使用能力之间存在正相关关系，反之则易导致语用功能障碍。然而，适当使用、熟练掌握模糊语是二语学习者的一大难点与局限（Hyland and Milton, 1997；Hinkel, 2002b, 2005），这在一定程度上阻碍了语言交际，导致弱语用能力等问题，如误用和跨语体使用（徐江、郑莉、张海明，2014）、高频使用显性而非隐性立场表达手段（赵晓临、卫乃兴，2010）、文章主观性强有悖于书面语特征（龚玲莉，2012）等。

为更直观地呈现模糊语功能问题，本节有必要对中美大学生英语议论文中的模糊语进行语用功能实证对比研究，这可以增强我国二语学生书面语语篇的得体性与可接受性，对我国学生学术英语论文写作教学也有所裨益。

（二）模糊语的语用特征

1. 模糊语表征语用现象

作为空洞限制语（Millward, 1980: 205），模糊语可修饰、缓和命题内容（Leech, 1983；Levinson, 1983；Quirk, et al., 1985）。模糊语既传递信息，也传递态度（Hyland, 1996），增添读者认可的机会，使命题具有可接受性（Hubler, 1983），呈消极面子保护策略或消极礼貌策略（Brown and Levinson, 1987）。

模糊语表征一定的语用效果：①减弱话语的精确度，既可弱化某表达式的完整语义值，也可弱化言语行为的整体效力（Fraser, 2010: 15），还可表达说话人的不确定的态度；②增强语气的缓和度，使语气不至于过分强硬，避免或减少话语可能带来的矛盾、冲突，使交际顺利进行，遵守礼貌原则，体现人际修辞（interpersonal rhetoric）策略；③达到交际目的，如自我保护、维护人际关系等。

2. 模糊语语用功能类型

模糊语用于谨慎提供信息、有意保留信息、提高信息的准确性、有说服力地使用语言等（Chanell, 1994: 165–195），表征多元语用功能（polypragmatic functions）（Hyland, 1998b: 156），模糊语可分为变动型（approximators）与缓和型（shields）（Prince, Frader，and Bosk, 1982: 4）。变动型模糊语如likely、roughly等可影响或改变命题内容，又次化为程度变动语（adaptors）与范围变动语（rounders）。缓和型模糊语如I think、It seems that等，一般不改变命题内容，呈现为直接缓和语（plausibility shields）与间接缓和语（attribution shields）。总之，Prince等（1982）侧重语用功能，凸显模糊语的言外行为功能，视模糊语为保持言者与命题间的距离的策略。然而，该模式未能全然涵盖模糊语的言后效果。

基于言语行为维度，Hyland（1998b）提出了多元语用功能模型，把模糊语概括为内容取向（content-oriented），表征言内与言外行为；读者取向（reader-oriented），表征言外行为。内容取向类又可次化为准确取向（accuracy-oriented）与作者取向（writer-oriented），实施陈述行为、理解行为与接受行为三类言语行为。除言外行为外，Hyland（1998b）的分类侧重言后行为，强调命题的说服性及可接受性，凸显人际互动特征，视模糊语为与读者协商、获取读者的接受性的策略，呈消极礼貌策略。模糊语的言语行为功能如表1-13所示。

表1-13　模糊语的言语行为功能

命题范畴 命题内容	NNS[①]/NS[②] 言外功能 修改命题内容与范围	NNS/NS 言后功能 接受效应
准确类	言语的知识依据性 增加命题准确度	增加读者可接受性
可靠类	可能性、必要性与义务 弥补知识缺陷	减少作者责任 增加信度，保护面子
判断认知类	真实性评估	推断作者的行事意图
非人称表达类	实施缺席现象 防范命题错误	增加客观、委婉表达 提升可接受性与得体性
条件假设类	限定肯定性	缓和话语语气
转折类	评价作者的疑虑 使命题真值与当前知识状态相关联	获得读者认可 维系人际关系
人际表达类	表达个人观点 让读者回应判断命题	增加作者、读者互动

（三）理论框架

1. 分析框架

本节使用Hyland（1998b）多元语用功能模型探讨中外大学生（以下分别简称NNS与NS）议论文中的语用功能，并分析其不同之处。模糊语语用功能类型及描述性指标如表1-14所示。

① NNS指Non-Native Speakers，即非本族语者，如我国大学生英语学习者。
② NS指Native Speakers，即本族语者。

表 1–14　　模糊语语用功能类型及描述性指标

<table>
<tr><td rowspan="2">内容取向</td><td>准确取向</td><td>缓和类：精确度副词、评注性副词、低调语
（nearly、partially、apparently、theoretically、graciously…）
可靠类：情态动词、认知类实词等认知类词汇
（could、belief、view、appear、argue、almost ...）</td></tr>
<tr><td>作者取向</td><td>证实动词与判断认知类
（“the evidence discusses...” “under the conditions, ...”）
非人称表达类（would、viewed in this way、the model implies、this suggests、according to our method ...）</td></tr>
<tr><td>读者取向</td><td colspan="2">认知猜测动词（suppose、think、conclude、demonstrate ...）
条件 / 假设（if–clauses、“if...（then）” “let’s imagine ...”）
转折（“although...” “...but...”）
人际表达（“we think...” “our result, ...”）</td></tr>
</table>

表 1–14 是 Hyland（1998b: 186）理论模式的修改版。内容取向的模糊语限制命题内容，传递作者准确表达观点看法的意愿，诠释命题与现实的相关关系，如准确取向（例 1）与作者取向（例 2）。准确取向的模糊语亦次化为两类：缓和类与可靠类（Hyland, 1998b: 438）。作者取向模糊语一般有两大功能：准确呈现议论文论点，并对其命题的可靠性进行评估（Hyland, 2005: 185）。读者取向的模糊语表征人际意识，融入人际因素以满足可接受的条件（例 4）。

［例 1］　This dictionary is *generally* conceded to be the best in China.（NNS）

［例 2］　*The figures indicate* that the American tax payers have *so far* gained rather than lost money from the banking bail–out.（NS）

［例 3］　But it *likely will* be the lifeblood of your career.（NS）

［例 4］　*Our investigations also* revealed *over* 9000 square meters of new buildings.（NNS）

内容取向的模糊语（例 1 斜体部分）呈现限制功能。例 1 中，作者用副词 generally 限制了动词 concede 的内容范围，表明用有限知识陈述现实的难度。作者取向的模糊语（例 2～例 3 斜体部分）一般不改变命题内容，而是明示对命题对立性的预测，预测对作者的不利情况，旨在达到自我保护的目的。例

1～例2使用抽象主位结构使作者避开责任，避免直接批评，例3使用存在主语（existential subject），表达作者言语信度，获取自我保护或避免直言所导致的职业损害。在读者取向的模糊语（例4斜体部分）中，作者通过指定个人来源，将议题公开给读者去评判。

2. 研究问题

本研究主要回答以下三个问题：

① NNS在英语议论文中模糊语使用情况如何？与NS相比有何特点？

② NNS英语议论文中模糊语语用功能是否得以实现？若未实现，对语篇有何影响？

③ NNS模糊语语用功能障碍的致因是什么？

3. 研究方法与研究变量

在研究方法上，本书利用WordSmith Tools 4.0工具检索英美大学生作文语料库（LOCNESS）与中国学生英语笔语语料库（WECCL）模糊语使用频率；再使用统计软件SPSS17.0对所得数据进行统计分析，通过卡方检验以确定其差异性的统计学意义（$0.01 \leqslant P \leqslant 0.05$时，有差异；$0.05 \leqslant P \leqslant 0.01$时，有较大差异；$P \leqslant 0.05$时，有显著差异）。

研究变量涉及两个对比语料库：WECCL语料库与LOCNESS语料库。WECCL与LOCNESS语料库信息如表1–15所示。

表1–15　WECCL与LOCNESS语料库信息

	篇数	词数	类符/形符比	平均词长	平均句长（词）	总句数
WECCL	1152	307169	34%	4.73	16.16	19008
LOCNESS	387	307167	57%	4.82	24.19	12698

LOCNESS所包含的387篇英美大学生议论文共有307167形符，类符/形符比为57%，平均句子长度为24.19词，每篇约799字。我们在WECCL中也随机抽取1152篇，共307169形符，类符/形符比为34%，平均句子长度为16.16词，每篇一般在266字左右。

（四）调查结果

基于模糊语的多元语用模型（Hyland, 1998b: 186），本书拟实证考察模糊语语用功能的四维频数：读者取向模糊语（ROH）、作者取向模糊语（WOH）、可靠性模糊语（RH）与准确性模糊语（AH）。图1–2为WECCL与LOCNESS的模糊语语用功能分布对比。

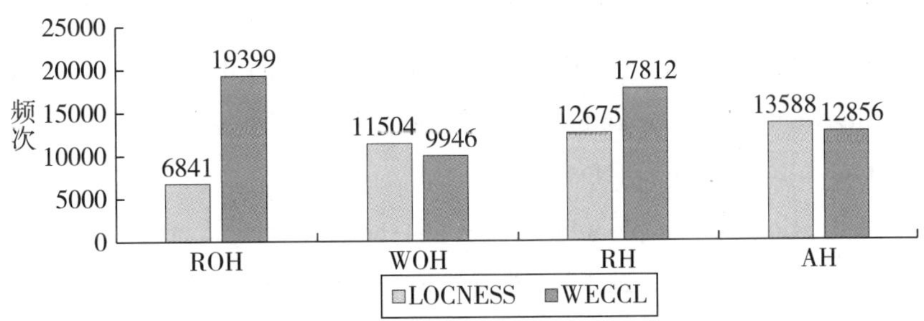

图1–2 WECCL与LOCNESS的模糊语语用功能分布对比

NNS与NS议论文均频繁使用模糊语，双方均使用多种模糊语修辞手段，如语用功能类的内容取向的准确性模糊语（AH）、可靠性模糊语（RH）、作者取向模糊语（WOH）：频率副词（usually、daily）、词汇类（about、in a way）、不定指称类（some X 与 any Y）、低调语（nearly、partly）、情态动词（would、should）等；再比如语用功能类的ROH：认知猜测动词（suppose、think）、转折词语类（although、in contrast）等。如图1–2所示，我国英语学习者议论文中频繁使用模糊语，在读者取向与可靠性模糊语使用方面，我国英语学习者使用频次远高于英美本族语者。这一发现与吴光亭、申勇（2009）的“中国二语书面语者很少使用模糊语”的发现不同。本书认为，模糊语也是NNS议论文语篇的显著特征。

两类语料库数据均显示模糊语用例的复杂性。如前文例3所示，一个命题可以使用两个或多个模糊词语：模糊语不仅表现为词汇手段，还表现为语法手段，如条件句（例5～例6）及疑问句（例7～例8），以吸引读者关注，明示议题的重要性或者使作者避免承担该议题的责任。

［例5］ *As everyone knows*, *if* we have a *scientific* and *reasonably* sports exercise plan and carry out this plan regularly, the *possibility* we catch a cold or be attracted by some other illness *will* be very *little*. Of course, the chance we go to hospital *will* also be *little*.（NNS）

［例6］ *If* students study various myths and theories in the classroom, it *will* broaden the student's perspective of other world views, as it did with Einstein, and she/he *will* also be able to be *more* tolerant of them.（NS）

［例7］ *Maybe some* people ask me why you want to go to school. And even you will accept the *further* education. Do not you want to get the graduate certificate? Do you only want to get the knowledge? Do not you want to get a good job? Do you *only* want to walk in school?（NNS）

［例8］ However, people were worried that the money would not be *evenly* spread, *would* the North–South divide be a factor? How *would* the National Heritage decide what a good cause *would* be? *Could any* money fall into the wrong hands?（NS）

例5、例6是if小句为命题的限定手段，if小句明示了选择，同时作者的不确定或知识局限则限定了命题的肯定性。例7、例8问句在言语修辞上明显把读者拉入演绎推理过程，视读者为讨论伙伴，以论证推理者的观点。同时，问句明示解决问题的试探性，以真诚的态度寻求读者回应，邀请读者参与探讨。在两类语料库中，条件句与问句也是模糊语常见的方法，如how/why/what等引导的特殊问句及can/will/have等开头的一般问句，其使用频次分别为12156次与10183次，连词if的使用频次分别为1375次与699次，连词but的使用频次分别为1045次与1217次。

（五）讨论

为直观对比WECCL与LOCNESS中模糊语使用的频次，我们把图1–2的数据转化为NNS与NS语料库的模糊语语用功能统计对比，如表1–16所示，以凸显差异性的诸显著项：NS的低调语、被动语态与空主语，施事缺席频次高，凸显客观性；NNS的情态动词、认知猜测动词、人际表达等，施事频次高，凸显主观性。NNS存在使用过多与不足现象，该显著差异可能是源于母语与外语，英语是NS的母语却是NNS的外语或中介语。

表 1-16　　NNS 与 NS 语料库的模糊语语用功能统计对比

取向	类别	X^2	P	取向	类别	X^2	P
内容指向 P=0.000***	AH			作者取向 P=0.000***	WOH		
	准确评注语	0.7789	0.377		认知猜测动词	0.2065	0.649***
	文体评注语	62.5581	0.000***		被动语态	314.5063	0.000***
	低调语	203.1083	0.000***		空主语	395.3310	0.000***
	RH				物称主语	1.8064	0.179
	认知动词	44.1411	0.000***	读者取向 P=0.000***	ROH		
	情态动词	1557.3824	0.000***		认知评判动词	1322.1040	0.000***
	认知名词	124.6600	0.000***		人际表达	6275.5650	0.000***
	认知形容词	44.6275	0.000***		假设条件句	129.3880	0.000***
	认知副词	13.9339	0.000***		转折词语	45.5037	0.000***
					有限知识	131.3497	0.000***

1. NNS 与 NS 语料库的 AH 对比

准确类模糊语一般通过限制命题真值范围，对命题内容进行修正，提高信息准确性与信息量。该语用功能在两类语料库中表征为不同的语言手段。

首先，在表 1-16 中，NNS 与 NS 在准确类模糊语使用上存在显著差异，大于 5% 水平的临界值 3.84，P=0.000***。该差异主要源于双方选择偏好：

① 在文体评注语和低调语使用频次上，NNS 与 NS 差异显著，X^2=62.5581/203.1083，大于 5% 水平的临界值 3.84，P=0.000***。

② NS 偏好使用名词性模糊语，如 probability、possibility、certainty、assumption、belief、argument、estimation 等，NNS 则偏好用动词表达相关对等概念，如 be supposed to、argue、estimate、believe、appear 等。

③ 在表达上，NS 除使用原形词外，还使用较多的派生词类，如 unclear、infrequent、uncertain、unlikely、impossibly、supposedly、arguably、reportedly、seemingly、reputedly 等，NNS 使用类型有限且用例集中，如 most 占 52.3%，是其他认知形容词的 20 倍以上，maybe 与 most 分别占 72.4% 与 52.3%。

此外，NNS 反复使用口语类模糊语，如 some、many、only、may、very、most、just、about、much 等，重复性很高，占低调模糊语的 62.9%。比较而言，

NS用词较为具体，体现一定的用词丰富性，产出能力较强。NNS用词较为贫乏，影响词汇产出能力。

2. NNS 与 NS 语料库的 RH 对比

可靠类中情态动词使用频次方面，NNS与NS差异显著，卡方（X^2）为1557.3824，远大于5%水平的临界值3.38，P=0.000***＜0.005。对于不确定义的假设标记词来说，NS选择would，NNS选择should，频次分别为1463/345次与771/1923次，差异显著。然而，“should的可信度更低”（Hyland, 1996: 263），显然NNS在情态模糊语使用上存在不当之处。情态词汇动词功能类型也不同，NNS侧重使用表示责任、义务的情态词模糊语，目的在于建议或规劝读者；NS侧重使用认知性情态词，提供信息或对命题进行判断，旨在客观表达观点看法。

3. NNS 与 NS 语料库的 WOH 对比

WOH模糊语可以实施诸项功能，如命题不易被否定、礼貌客气、维系合作关系等。WOH的典型表征是空主语与被动语态。空主语类模糊语如it、one可以明确地使读者介入作者的推理过程，并讨论命题的可能性。被动语态的使用，使作者保持自己与其断言的距离，减轻作者的责任，降低命题风险及被质疑、反驳的空间，提升论点的可接受性。

在作者取向模糊语方面，NS在空主语与被动语态方面均高于NNS，X^2=395.3310/314.5063，远大于5%水平的临界值3.38，P=0.000***＜0.005。空主语it方面，NS频次为2317，是NNS的两倍；非人称代词one方面，NS频次为1028，是NNS的五倍，差异也非常显著；被动语态方面，NS频次约为NNS的一倍，差异显著；NS英语物称主语占75.7%，比NNS多26.1%，差异也非常显著。

比较而言，NS倾向于使用缓和型模糊语，表达对读者的礼貌态度，这类词语有“according to…”、presumably、“someone says that…”、as is well known、“the probability is…”“the probability would be…”“it is said that…”“it is assumed that…”。NNS倾向于使用直接模糊语，即读者取向模糊语，表现与读者的协商等对话关系，通过模糊语传递自己的态度、观点，影响读者的行为。这表示作者本人对某事件的直接推测，导致语气生硬，衔接不自然，如例9所示。

［例9］ Animals are not people's pets. *Do you know* police dogs (WOH) helped person catch crimers? *Do you know* letter birds (WOH) pass letters for person? *Do you know* bees (WOH) collect honey for people? *Do you know*... Those animals work for human being. To us, they are never pets for fun. They are our helpers, partners and friends.

NNS一般采用主观直接论证方式。例9中，NNS作者反复使用do you know认知情态结构类模糊语，充分显示作者与其预设的读者进行协商的愿望，给予读者对话商讨的机会，以得到读者的接受与认可。另外，例9直接面质读者，易产生争论或争吵，因此，NNS在WOH使用上存在不当之处。同时一些强化词语如never等的频繁使用，也加强了论证的主观性，使"文章主观性强，有悖于书面语特征"（龚玲莉，2012）。从表1–16数据看，NS侧重使用缓和类模糊语，以弱化议论语气，避免可能的异议与争论，留给读者重新思考的余地。比较而言，NS凸显客观委婉论证，呈现了一定的间接性。

4. NNS 与 NS 语料库的 ROH 对比

模糊语是修辞手法，用于表明作者对其命题被质疑的预期（Hyland, 2005: 7）。ROH主要涉及人际问题，作者必须关注读者的需求，既要考虑命题的合理性，也要考虑读者的接受性（Hyland, 2005: 184）。

在读者取向模糊语方面，NNS频次高于NS，在认知评判动词频次与人际表达频次上，X^2=1322.1040/6275.5650, 远大于5%水平的临界值3.38，P=0.000*** < 0.005，差异显著。NS侧重使用间接缓和语，NNS侧重使用直接缓和语，频繁使用主观标记语，NNS过度使用第一、第二人称代词，一般呈现直接表达，明示个人参与特征。经学习者语料库关键词搜索，I think使用频率为1407次，高于NS 10倍以上，且判断性动词使用频繁，共2398频次，是NS的5倍，"We/I+判断/演绎动词"结构共使用5109次，约是NS（468次）的11倍。我国英语学习者过度使用第一、第二人称直接缓和语（shields），如as far as I know/can tell、I am afraid、I/we believe/assume/think/suppose/wonder/find/conclude/feel/demonstrate/propose等，体现高显现度的作者与读者主体性/主体间性，降低了论证的客观性。本发现间接支持了梁茂成（2008）的观点，"中国英语学习者使用we、you、I构成的情态序列显著多于本族语者"。另外，NNS证据缺乏说服力。论证一般以

举例为主，并以列举个人实例为主要论证手段，人称主语为泛指的you或people，缺乏具体性与事实化。有时，作者将例证的任务转给读者，如“If you ...”，“作者认为自己的观点显而易见，而不通过具体的证据来说服读者，因而偏离了议论文写作本身的说服目的”（吉洁、梁茂成，2015），有违“诚实、谦虚、适当谨慎”（Swales, 1990: 174）等语言策略，信度与准确度低，不利于读者亲和力的提升，降低了议论文的说服力，难以达到议论文的交际目的。

（六）NNS 模糊语语用功能不当使用及溯因探索

通过数据对比可以发现，NNS议论文语篇文体意识淡薄。这主要是因为NNS议论文语篇存在不当之处，尤其缺乏模糊语使用意识。

1. NNS 模糊语的不当使用

通过对比可以发现，NNS与NS模糊语语用功能方面存在显著差异。本发现不同于朱葵、夏新蓉（2011）的发现，即认为我国英语专业学生在书面语篇中对模糊限制语的使用有着接近本族语者的趋向。这是因为大多数NNS主要缺乏议论文知识规范转型与模糊语使用意识，本发现间接支持了Fraser（2010: 15）的观点，即模糊语低熟悉度及得体性的缺乏致使二语学习者不能成功完成交际目标。

（1）NNS缺乏议论文知识规范转型

WECCL语料所示，NNS议论文凸显个人知识讲述模式，含有故事陈述元素，侧重讲述个人经验（as we know、“how I...”）及观点（“why... because...”“I think...”“people say that...”），或侧重列举原因（“the first reason why I think so, ... second, ... third, ... last but not least, ...”）。其中，大量实例显示模糊语功能使用不当，如词语can具有允许（permission）而非能力（ability）的涵义，possible用作表语而非定语。

NNS被认为是认知简单、幼稚的写作者（Hinkel, 2004)。与陈述个人知识思维模式不同，议论文写作要获取知识规范并转化认知模式与实践策略（Hinkel, 2004: 11）及知识规范转型，而读者期待、语类规范与形式表达、修辞组织方式等知识转型模式是NNS所忽略的。

WECCL与LOCNESS高频模糊词语语用功能使用不当的情况如表1–17所示。

表 1-17 WECCL 与 LOCNESS 高频模糊词语语用功能使用不当的情况

Categories	WECCL	LOCNESS	Significance(*P*)	Function	Pragmatic Level	Style
We(we) I+judgemental/ deductive verbs	5109	468	0.000***	commissive	directness+	informal+
can	3639	1174	0.000***	permission	directness+	informal+
more	2983	76	0.000***	indeterminacy	directness−	informal+
Our(our)+nouns	2146	538	0.000***	request	directness+	informal+
so	1941	723	0.000***	assertive	directness+	informal+
should	1923	771	0.0000***	request	directness+	informal+
if...(then)	1792	1375	0.000***	request	directness−	informal+
will	1736	1116	0.000***	prediction	directness−	informal+
but	1713	1298	0.000***	argument	directness+	informal+
some	1577	526	0.000***	possibility	directness−	informal+
think	1559	382	0.000***	possibility	directness−	informal+

（2）NNS缺乏模糊语使用意识

NS语用功能呈现不同的模糊语类型，除原形词外，NS还使用较多的派生词类模糊语，如perhaps、maybe、unlikely、impossibly、supposedly、arguably、reportedly、seemingly、reputedly等。NNS使用的模糊语有限，且重复频次较高，呈现主语+动词（s.+v.）、动词+宾语（v.+o.）、动词+副词（v.+adv.）等表达句子结构形式的语用功能，凸显认知动词与副词类的模糊语，表征信息的主观性。NNS模糊语的使用呈现直接性、面质性、强加性等效果。该特征与Hinkel（1997）、Swales（1990）、Swales 和 Feak（2012）的理论相违背，即书面语使用模糊语旨在降低作者对命题内容及观点的责任，表犹豫、不确定、不直接和不礼貌，降低对读者的强加性。

我们可以认为，NNS缺乏使用模糊语意识，其议论文中凸显直白主观性，缺乏委婉客观性，如例10所示。

［例10］ *If you can choose*, you want to live outside, alone or in a dormitory with three persons. I *will* choose the first one. I *can* spend some time with my friends happily and I *can* also have my private space. Just like a home living outside. *Sometimes if you feel lonely*, you *can* invite your friends to your apartment and have a little party. You *will* all have a good time. So *why must* live together? There's so *much* advantages. *If* you worried about the safety problem, *you can* rent a room near your friends! Enjoy your personal life by living out!（WECCL）

在例10中，作者用条件句与特殊问句模糊语表征作为论证事例，掩盖了作者知识缺乏与词汇不足的问题。此外，例10含有10个独立句，涉及you与I两个施事，NNS多次使用了“第一、第二人称代词+情态动词”的结构，几乎每个小句中就有一个，表现出了一定的指令性与主观性。这间接证明了“我国学生尤其喜欢使用I think来表达观点，超过外国二语学生一倍，超过本族语者十几倍”（王立非、张岩，2006）及“高频使用显性立场表达手段表达作者态度，而较少使用隐性立场表达手段”（赵晓临、卫乃兴，2010），出现“误用和跨语体使用”（徐江等，2014），导致太过于口语化，且连贯性差、句子信息含量低，说明作者没有使用模糊语的意识。这不仅影响议论语气的缓和度，甚至影响议论文的说服力，导致NNS书面语交际能力较低。

2. 简要溯因分析

NNS在汉语文化语境下习得英语表达，其书面语必然会存在过少或过多使用模糊语的某些语用功能的情况，如诸高频项：施事主语、认知动词与情态动词等。NNS大多缺乏模糊语意识，或缺乏使用模糊语的知识与技能。例如，NNS不清楚词语的权力范围，未使用模糊语限制的名词、动词、形容词等词语会导致命题不被读者接受，论点易被读者推翻，会导致跨文化语用失误。NNS不能恰当使用模糊语语用功能，可追溯至认知不足与教材空缺等主客观因素。

（1）NNS认知与元认知不足

文章写作要有明确的目标，观点的有效语言表征与观点本身同样重要（Hinkel, 2004: 10），这既涉及认知能力又涉及元认知能力。在认知层面凸显信息的主观性，影响议题信息的准确性及议论语气的缓和度，甚至影响了议论文的说服力。结果，NNS凸显了较低的跨文化意识，其表达方式远离了“写、读者低显现度、被动语态、高信息性”等书面语规范参数（Biber, et al., 1999）

和得体性的谨慎手段（Hinkel, 2004），难以达到认知复杂化的学术语篇水平。这一发现与Johns（1997）的观点一致：经过多年英语学习，本科甚至硕士NNS不能辨认，更不能适当使用英语书面语规范。

从元认知上看，NNS缺乏对自身写作知识、技能与水平的表征认知，导致其读者意识及文体意识较低。NNS启用了多类威胁式的言语表征，呈现一定的直接强制手段，如should、you等读者取向模糊语的过度使用，使语篇态度礼貌性欠佳，导致多类不良效果：频繁使用人称指示语I、you、he、they等，导致篇章连贯性差；侧重语法表达，忽略得体表达，导致语篇可接受性差；侧重故事讲解式论证，而逻辑论证能力较弱。再者，NNS议论文语篇存在口语和书面语混用特征，这一观点与Hinkel（2005: 43）的发现一致。NNS的口语特征要比NS更典型，如表1–17所示。其他口语词的使用频率也较高，如only、any、occasionally、just、simply、really、pretty、bit、according to、actually、normally、most、basically、quite、few、little、seldom、rarely、sort of、I guess、perhaps等。结果，NNS无法恰当、得体地应用认知策略完成议论文任务。

（2）教材缺乏模糊语内容

模糊语内容是大多数教材所缺乏的，也是老师授课很少涉及的。表1–18为EAP[①]教材中词语表达的情况。从表1–18可以看出，研究者对模糊语的关注与兴趣只停留在研究层面上，一般忽略从研究成果向教材的转化 。

表1–18　　EAP教材中词语表达的情况（Hyland, 1996: 12）

写作教材	情态动词	词汇动词	认知副词	认知形容词	认知名词
Academic Writing Course (Jordan, 1990)	3	33	33	3	5
The Complete Idiot's Guide to Grammar and Style (Rozakis, 2003)	3	3	3	3	3
Writing up Research: Experimental Research Report Writing for Students of English (Weissberg and Buker, 1990)	33	33	5	3	3
Approaches to Academic Reading and Writing (Arnaudet and Barrett, 1984)	3	33	3	5	5

注：5（无覆盖）；3（少量覆盖）；33（覆盖广泛）。

① EAP是English for Academic Purpose的首字母缩写词，即学术英语。

Hyland（1996: 13）断言，一方面，教材对模糊语内容的忽略会导致老师授课过程中的忽略。通常情况下，老师依赖教科书获取教学资源，若教材不涉及模糊语内容，则老师很少教授这部分内容。另一方面，教材的忽略也引发学生的忽略。若教材没有明确模糊语的重要性，这就预设此内容对老师与学生不重要，导致该内容被师生轻视或忽略。学生可能认为，教科书涵盖了所有他们需要学习的内容，足以使他们获取写好学术语篇的诸多规范。

同样，模糊语在我国高校英语教学中是待开发的处女地。大多数高校英语老师忽略模糊语教学，即使议论文教学也很少涉及这一内容，导致NNS缺乏模糊语知识及模糊语使用意识，使得我国二语学习者的议论文命题不可接受及语篇态度较难被接受。

（七）结语

本节以WECCL与LOCNESS为基础，采用定量与定性相结合的方法，调查了模糊语的语用功能。研究显示，我国学生议论文频繁使用模糊语，总频次高于本族语者，但两者存在差异显著：

①与NS相比，NNS使用模糊语类型少，词汇使用有限，且重复现象严重。除在作者取向模糊语（WOH）与可靠性模糊语（RH）方面略低于NS使用频率之外，NNS读者取向模糊语（ROH）与可靠性模糊语（RH）使用频率方面远大于NS使用频率，实现手段凸显显著差异（P=0.000***＜0.005）。

②模糊语的分布从类别上看不平衡。NNS使用读者取向模糊语（ROH）最多，NS频繁使用准确性模糊语（AH），差异显著（P=0.000＜0.005）。

③NS偏向使用词汇类模糊语，NNS偏向使用语法类模糊语，如情态词语及施事主语等，差异显著（P=0.000***＜0.005）。

④模糊语语用功能也呈显著差异：如NNS频繁使用读者取向模糊语（ROH），凸显个人参与性与主观性；NS频繁使用准确性模糊语（AH），凸显信息性与客观性。

⑤议论文写作模式不同：NNS凸显个人知识讲述式，表征简单认知；NS凸显知识转化式，表征复杂认知。此外，本节分析了NNS语用功能使用的不当之处并对其产生的原因进行追溯。本节对我国二语词汇学习与写作教学具有启示作用。

第二章　互文视角

一、互文挪用及其对二语教学的启示

（一）互文性

20世纪60年代，法国理论家Kristeva提出了“互文性”这一概念。此后，“互文性”风靡于结构主义、符号学、解构主义、后殖民主义、女性主义、精神分析等诸多的理论流派。近几十年，国内学界发表了大量采用了互文性视角分析文学文本和文化现象的论文，Kristeva、Bhatia等国外重要理论家的互文性理论也得到了比较系统的介绍和传播。互文性的魅力至今不减。

互文性具有丰富的理论阐释力和强大的学术生命力。

第一，互文性促进了人们对语篇的理解，从而彰显出语篇的重要人文意义。

第二，互文性有助于人们重新认识语篇，厘清语篇的人文价值。

第三，互文性已被国际学术界所认可，被众多的研究流派吸收、挪用，成为语篇研究和文化研究经常使用的关键词之一。

第四，构成互文性必须具备三个要素：文本A、文本B以及他们之间的互文性联系R。互文性昭示了文本与其他文本、文本及其身份、意义、主体及社会历史之间的互相联系与转化之关系和过程。这种复杂的互文性关系具有形式的美感。

第五，互文性催生了文本的变革，使文本理论成功地实现了从结构主义向后结构主义的转型，给文学意义、文本写作等文学理论的基本概念带来了重大的变化。

（二）互文挪用

互文性涉及语篇间互文资源的移动及转换（Linell, 1998: 154），这一资源潜势可称为互文挪用（intertextual appropriation）（Verschueren, 2014）或语类资源（generic resources）挪用（Bhatia, 2004: 20）。

互文性呈借用、重复、改编、转换等动态挪用特征，涉及线性规约与语类规约。语篇文本通过变换前文本及重组现有惯例（语言表达、语类、话语）生成新语篇。互文挪用涉及语内资源挪用（语内互文）及语外资源挪用（语际互文）（Bhatia, 2010: 37）两种类型，分别涉及词语或语句的显性引用，指物质互文性；（非）线性结构选择的规范借用，指结构互文性。前者主要体现为重复、预设、指称等并置现象，后者是对词汇语法语篇化及语境化资源规范的语言结构挪用，主要体现为语篇规范性的借用，如信息密度与语类规约等思维性借用问题。互文挪用体现社会建构过程，涉及资源转换（语境重构）与资源实践（社会实践）。

因为研究者较侧重物质互文挪用，重视事实性数据的分析（杨汝福，2009；武建国、颜璐，2015），却较少涉及结构互文挪用，或者忽略“语言符号规约性的结构”（Plett, 1991: 7）。规约性的结构互文是本书的分析视角。

互文挪用的特征有以下两个方面：

（1）语境重构

语境重构是社会实践元素间的挪用，即把前者置于后者之中，并加以特定转换（Bernstein, 1990; Chouliaraki and Fairclough, 1999），这涉及一语篇话语到另一语篇话语的动态挪动与转换过程（Linell, 1998: 154）。语境重构是互文挪用的主要渠道，分为篇内（intratextual）、篇间（intertextual）与篇际（interdiscursive）三个层面。语境重构的重要关系呈现为词汇、短语的键入，语类的链接（genre chains），语类的混合（mixing）与嵌入（embedding）等显隐性表征。

（2）社会实践

互文性是社会建构的资源（Egan-Robertson, 1998: 451）。互文资源不是文本规定的，而是社会建构的（Bloome and Egan-Robertson, 1993: 305）。话语意义的建构不仅来自词汇，还来自其前、后意义间的互动，是对其前、后语言行为的反应。互文资源的挪用是社会文化的挪用，读者带给一语篇的是其先有知识图式、所读过的其他语篇及自身的文化语境（Kress, 1985: 160）。读者存在于并运作在文化规范与含义的互文性领域内（Allen, 2000: 89）。作为互文挪用主体，读写者既可建构自身文化又可体现读写实践，这涉及诸多语言结构层面，如词语语法层面、篇章的组织结构、语域类型、语篇的情景语境及诸多互文方式，包括语类混合、内容与社会情景等（Bloome and Egan-Robertson, 1993: 304）。学习界定互文关系是学术性的语篇实践（Beach, et al., 1990: 241），老师是互文关系的建立者，在互文资源阐释中起着重要作用（Beach, et al., 1990: 242）。这需要建构互文挪用的结构资源类型，也需要搭建互文挪用的践行途径。

（三）互文挪用的结构互文资源

结构互文性指语篇中的规则重复关系（Plett, 1991: 7），侧重互文规范和规律，而非互文事实或数据，如信息性特征、语篇结构的规范性（regularities of organization）及篇章性的语境化（contextualization）规约。这三者囊括了篇章性（Beaugrande and Dressler, 1981: 1）及学术语类共核性（common cores）（Hyland, 2006: 13–14）的主要内涵。

1. 语内互文资源的线性表征类型

语篇权威的阐释要定位于文本内（Bloome and Egan-Robertson, 1993: 320），实现于词汇语法资源的诸多表征（Fairclough, 1992a: 195），涉及句内结构与句间衔接（Bhatia, 2004: 6），是同语类语言资源的共核部分（Hyland, 2006），如多词序列并置及主、谓（介）宾间的非相邻结构。互文分析视角有助于解构源语篇规范，知晓源语篇建构者的思维线索。

（1）多词序列结构

语内结构互文资源是相同或相似语类的语言形式共核（Hyland, 2006: 11）。学术语类的共核是“词汇密度高、名词用法丰富、非人称结构”（Hyland, 2006: 13–14）。高信息密度是书面语语类的特征，信息松散是口语语类的特征（Halliday, 1989；Lewis, 1993: 100）。

书面语的信息密度共核结构有复杂名词短语（例1）、动词短语（例2）、介词短语（例3）等。

［例1］ *Registration statements*, *prospectuses* and other *information* are available to the public in *the Washington*, *New York* and *Chicago* offices of the SEC and to a lesser extent at regional offices in *Seattle*, *San Francisco*, *Denver*, *Ft. Worth*, *Atlanta*, and *Boston*.

［例2］ Too much of anything... creates a kind of impotence of living by which one can no longer *hear*, or *taste*, or *see*, or *love*, or *remember*.

［例3］ Studies serve *for delight*, *for ornament*, and *for ability*.

例1～例3分别涉及多项名词的并置、动词的并置、介词短语的并置，呈两项或多项复杂短语（Bhatia, 1992）关系，可概括为离心、向心两类结构形式，离心式结构如“(N)(N)(N)(N)(N)(N)(N)(N)...”；向心式结构如“(Det)(adj.)(adj.)(adj.)(adj.)... H (Q)”。名词化结构，如“前置修饰语+名词”或“名词+后置修饰语”，可视为浓缩的小句（如which/that小句）。因此，短语式结构一般表征较高的信息密度。

（2）非相邻结构

非相邻结构是又一大语内互文资源，也呈现诸多类型，如主谓之间（例4）、谓语结构内部（例5）、谓宾短语之间（例6）及动词短语之间（例7～例8）等，其中例4与例5是学术语篇最常见的非相邻结构类型。

［例4］ *Too much of anything*—too much music, entertainment, happy snacks, or time spent with one's friends—*creates* a kind of impotence of living by which one can no longer hear, or taste, or see, or love, or remember. (*Appetite* by Laurie Lee)

［例5］ Although the courts *have* in many instances *adopted* a broad interpretation of the scope of their powers, room for challenge has been limited. (*Cyber Law in the United Kingdom*, 2010: 47)

［例6］ We *believe that* in order to achieve our broad objectives of fairness and efficiency, *an effective framework* should strike the right balance between the interests of consumers and investors; support social cohesion; and strike a balance between short-term consumption and long-term conservation of resources. (*Cyber Law in the United Kindom*, 2010: 29)

［例7］ These shafts actually *led*, via a series of interconnected shafts and tunnels, *into* Fletcher's mines and land. (Legal English)

［例8］ In the event of any internal conflicts between the Community requirements themselves, OFCOM *is* again to resolve this in the manner they think *best*. (*Cyber Law in the United Kingdom*, 2010: 29)

例4～例8中的短语式非相邻结构在散文语篇（例4）、法律英语语篇（例5～例8）等（半）学术语篇中传递丰富的信息密度，该词汇组合的“用处胜过单个词汇”（Lewis, 1993: 120），“比语法结构更具有交际性表达性”（Lewis, 1993: 10）。相邻或非相邻结构均是西方书面语的线性表征的规范实例。

2. 语际结构互文资源表征类型

语域呈典型的互文性（Briggs and Bauman, 1992: 147），语域的互文关系体现为主位推进、主题互文与语类结构。

（1）主位推进

依据主位、述位功能（Halliday, 1994: 38），如图2–1所示，本族书面语的典型主位推进模式可概括为“R1⇒T2, R2⇒T3, R3⇒T4 …”，典型的信息链排列为“Old ⇒ New ⇒ Old ⇒ New …”，违反这一关系会导致连贯的缺失，遵守则可取得“语内连贯”（intratextual coherence）（Lemke, 1985）。

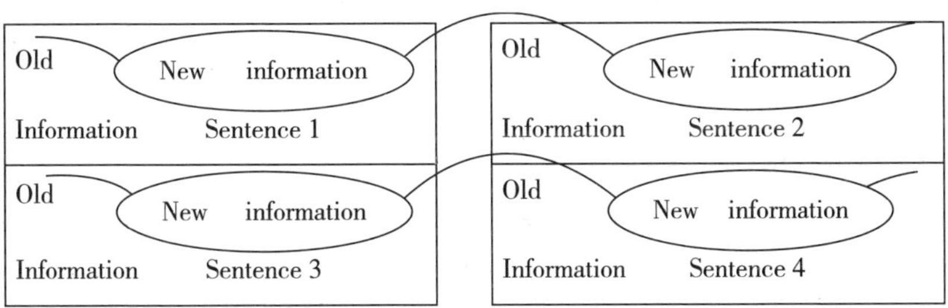

图2–1　句子衔接：旧新信息衔接

句间呈现流畅的线性关系，如例9所示。

［例9］ After working hard all day, people look forward to a new episode of a favorite show or yet another showing of *Casablanca* or *Sleepless in Seattle*. *This period* of relaxation leaves viewers refreshed and ready to take on the world again.

Watching TV also seems to reduce stress in some people. *This benefit* of television is just beginning to be recognized (Langan, 2014: 143).

例9中，主、述位之线性排列构成句子间的衔接模式，即旧信息先于新信息的思维模式。衔接与连贯是语篇性构成成分（Beaugrande and Dressler, 1981: 1），是句间的潜在资源。

（2）主题互文

主题互文性（thematic intertextuality）是每一语篇部分地重构和相互连接一个或多个或小或大的主题的形式。Lemke（2002：34）指出，每个语篇均有一个语义结构的组织核心，“主题链是语篇中能够共享某一共同主题的一组子句，通常，该主题链的主题在段首提及，其后不同位置又反复重复同一主题”（Li, 2004）。

语篇中的诸类句子可构成一个主题链，叙述的主题是该语篇的语义核心，如《三种激情》（*Three Passions*）、《论读书》（*Of Studies*）或《看电视的益处》（*The Benefits of Television*）等。《三种激情》的主题链是“对爱的渴望⇒对知识的寻求⇒对人类苦难的怜悯”，《论读书》的主题链是“怡情养性⇒摭拾文采⇒增长才干”，《看电视的益处》的主题链是“消遣⇒娱乐⇒教育”等。

主题语义互文资源体现为：主题链呈自上而下的语篇修辞结构，即主题、次主题与次次主题等之间的“主题连续性”。语篇主题互文方式的分析主要涉及搭配衔接（collocation and cohesion）方式、修辞体裁（rhetorical genre）方式和社会异质语（social heteroglossia）方式（Lemke, 2002: 34–39）。

（3）语类结构

表2–1展示了书面语与口语语类。不同语类用于建构不同的交际目的，如宣传型语类多用于描述与评价，报告型语类多用于记叙、议论、描述或报告等，介绍型语类多用于描述、记叙等。

表2–1　　书面语与口语语类（Hyland, 2006: 50）

Written genres		Spoken genres	
research articles	book reviews	lectures	student presentations
conference abstracts	Ph.D. dissertations	seminars	office hour sessions
grant proposals	textbooks	tutorial sessions	practicum feedback
undergraduate essays	reprint requests	peer feedback	dissertation defenses
submission letters	editor response letters	colloquia	admission interviews

语际互文关系涉及语类资源的挪用，如语类混合型（mixed）与程序镶嵌型（embedded）。

●语类混合型

语类混合型涉及特定方式下的不同语类、语篇及文体的混合、铰接与建构（Fairclough, 2003: 38），呈现杂合（hybridization）或多声（heteroglossia）现象（Bakhtin, 1981），具有体裁互文特征。体裁互文是指一个语篇中不同体裁、语域或风格特征的混合交融，这是非常普遍的现象，几乎所有的语篇都会呈现多种体裁特征（辛斌，2001：348）。

语类混合会对单语类产生影响，如书面语类混合口语类成分则表征为记叙或描写文体，书面语混合学术语类特征则表征说明、评论等学术或半学术性文体。恰当的语类混合有助于实现复合或多样的交际目的，如学术语篇的陈述与评价，商务交际语篇的宣传与促销，法律语篇的信息、规范与指令，新意型创作的记叙与劝说等。

●程序镶嵌型

程序嵌入是一语篇逻辑程序涉及另一语篇程序内容。程序镶嵌型侧重语篇格式与结构。书面语语篇由功能文本块拼接而成，它们是在语义上彼此渗透、相互对话与指涉的互文语篇，体现程序镶嵌特征。写作者按照事件发展的逻辑顺序组织镶嵌程序块和语篇。如前文所述，语篇注重前后层次、埋伏照应、结构严谨并具有特定的程式，呈现结构互文性（structure intertextuality）特征，涉及综述与分述结构，分别由篇章句与主题句架构，篇章句指导全篇，主题句指导各语段。前面内容是后面内容的基础，后面内容一般是前面的发展，前后章节存在互渗、互透、互借的互文关系。

（四）互文性与二语教学

一切语篇皆呈多话语性。阅读、写作、听力与口语皆依赖互文性，依赖其他语篇重复的言辞。“学生应该运用互文性策略来读书和写文章，课堂教学应该培养学生的互文能力”（Bloome and Egan-Robertson, 1993: 308）。“互文性的识别、归类和解读依然是读写教学中互文性研究的核心内容”（杨汝福，2008）。诚然，二语学生都有一定的互文能力，例如释义、故事讲解、文章缩写等。然而，对我国语境下的二语学生来说，他们对互文资源的挪用的认知存在一定的误区。

1. 我国语境下二语学生对互文的认知误区

二语学生对互文的认知误区可概括为两类。

其一，源语篇的选择存在局限性，局限于四、六级高分范文。依据Kaplan（1966）的研究可以推断，汉语语境下的NNS英语习作语篇很难传递西方人的思维规范，若以NNS习作“佳篇”作为互文的源语篇，其结果很可能是“二语书面语呈口语特征”（文秋芳等，2003）及二语语篇呈僵化现状。

其二，汉语文化背景下的二语学生自身是知识、经验与汉语文化的互文体，其英语书面语语篇包含诸多层面的汉语思维成分，如动词优势，加强词（boosters）偏好，第一、第二人称主语，因果逻辑及说理与宣传等语类的杂合等，凸显对话性或斗争性的感悟性表达。

2. 互文性对二语教学的启示

（1）语内资源挪用与英语读写教学

互文性理论挑战着读写对立观。读写对立观“通常认为，写作和阅读各行其是，两相对立，原因是：

①阅读被视为类似于消费的活动；

②写作被视为纯属个人灵感的创造”（童明，2015）。

互文性强调写作性阅读，强调读与写的同时性，即读中有写、写中有读。写作与阅读活动之间存在着互文联系（Holmes, 2004）。

互文性阅读教学主要体现在对源语篇不同互文关系的识别、分类、解读，要求老师在写作教学中指导学生同步进行写作与阅读。学生阅读前文本的过程就是吸收、转化前语篇之符号资源为二语新语篇所用的过程，这涉及词汇、语句、结构、语类等语篇互文显性、隐性关系。语篇资源的界定和归类是“挪用”的前提。学生通过对语内资源的模仿与转化，达到对学术语篇类型规范“挪用”的效果。阅读教学的核心在于通过阅读中的互文挪用，重构写作功能与阅读功能，体现读者与作者的互文关系（Pantaleo, 2006）。

（2）语际资源挪用与英语读写教学

选择可供借鉴的互文文本，进行篇章互文对比。对二语学生来说，一般存在两类互文文本，即西方书面语语篇及西方口语语篇。前者有西方学术类语篇，后者有英美影视等媒体类语篇。西方散文、政治语篇、学术语篇等书面语语类可提供英语语言规范及语篇范例。英语影视剧话语富含口语体特征。这两类语篇皆是有助于二语学生提高写作能力的有效借鉴与对比资源。与前者的互文可提升二语学生的文化适应性，与后者互文可明示二语学生书面中的口语表征。

教学过程侧重从语言形式、衔接连贯、语类等层面对西方经典散文、学术文章与二语习作的篇章进行互文对比，可清晰揭示二语习作的口语化问题，如侧重复合句、凸显语法结构、实词密度低、多booster words、少hedges限制修饰语、少隐喻表达及存在僵化表达，如as far as I am concerned、as every coin has its two sides、some people hold the view that、with the development of society、it's no doubt that、it is my personal position that、last but not least、from my own standpoint等千篇一律的用法。借助学生习作可知，写作性互文阅读能够给学生提供一个全新的视角，有助于缩小源文本与习作文本的差距。

（3）文化资源挪用与英语读写教学

文化差异是成功交际的影响因素（Hyland, 2006: 23），不同文化的人群其思维与表达也必然是不同的（Kaplan, 1966）。中西文化对比可提升挪用模仿能力及文化适应能力。教学实践中，二语学生面对的中西文化冲突可能涉及语篇各个层面。例如，在线性结构层，二语学生用英语表征汉语思维，如例10所示。

［例10］ It *stops* people's pressing step and *sends* them to *wait* then *makes* them *think* what all is about.（二语学生习作）

对例10的语法问题进行修改并不能消除该句的汉式英语（Chinglish）痕迹。如斜体部分所示，例10包含5个动词，凸显动词表征，呈现汉语思维的英语表征，与英语学术语篇的"名词化程度高"（high nominal style）（Hyland, 2006: 14）正相反。文化思维策略可以有效提升二语学生对文化差异的认知能力与文化适应（acculturation）能力，也可以减少甚至根除语法不通的顽症，如例11中的垂悬修饰语（dangling modifier）。

［例11］ *After owning this special experience*, it's easy and comfortable for those young people to get along with colleagues after graduation.（二语学生习作）

对于例11中的语病，人们一般寻求语法策略，即把非人称主语更换成人称主语。语法策略可以矫正错误，如把“After owning...”结构更换为with介词结构，但没法杜绝错误。追溯其成因，可推至汉语文化特点。这是因为“汉语具有动词优势，英语具有名词优势”（连淑能，1993）。“学生还必须了解本土的中国文化，在比较学习中，发现和理解中外文化的表层和深层异同”（孙有中，2016）。中西文化的互文对比有助于提升学生的文化意识及适应能力，有助于减少甚至根除中介语僵化现象。

（五）结语

这一部分先简述了互文性的概念，然后探讨了互文挪用的类型与途径等，并重点分析了互文挪用的结构互文资源。结构性互文侧重研究互文规范和规律，这体现为语内互文资源的线性表征和语际结构资源的线性、非线性表征。语内互文资源的线性表征涉及句内结构与句间衔接，表现为多词序列并置及主、谓（介）宾间的非相邻结构。多词序列结构常常通过多项名词短语、动词短语、介词短语等的并置凸显语类的高信息密度特征。主、谓（介）、宾间的非相邻结构有多种类型，不同类型的非相邻结构传递的信息密度不同，因而能够实现不同的交际性。语际结构资源的线性和非线性表征涉及主位推进、主题互文模式与语类结构。主位推进即依据主位和述位的功能排列信息链使语篇连贯流畅。主题互文主要通过主题链呈现语篇。语类结构主要有语类混杂型和程序镶嵌型两种，语类混杂型即一个语篇通过混杂语类、语篇及文体，呈现出不同的体裁、语域或风格的特征。程序镶嵌型即一个语篇按照逻辑顺序镶嵌程序块，语篇内容前后渗透、互相照应。以上情况可以揭示汉语语境下二语学生英语语篇中的诸多不当互文表征，从元认知上修正汉语文化影响下的二语线性表征，这有助于减少二语学生英语书面语中的汉语思维成分，也有助于缓解二语学生书面语僵化现状。

二、互文视域下的学术英语写作教学

（一）引言

互文性指文本间的相互依存关系，指陈语篇之间的吸收和转换现象。互文性是“语内资源”（text-internal resources）（Bhatia, 2012: 24），是“语篇规范的组合”（Fairclough, 1992a: 104），包括显性互文（如引用、抄袭、用典等）和隐性互文[①]（如模仿、转化语类、语言规范等）两类。互文概念广泛用于文学研究、批评性话语分析（Kristeva, 1986: 231；Genette, 1997: 1；Fairclough, 1992a, 2003；Bakhtin, 1981；Van Dijk, 2007）、语篇研究（Fairclough, 1989；Flowerdew, 2012；Bhatia, 2012）和教学研究（Bloome and Egan-Robertson, 1993；Flowerdew, 2012）。互文性具有认知视角与社会视角（Fairclough, 1989；Egan-Bakhtin, 1981；Bloome and Egan-Robertson, 1993）。

“互文性探索是语言教学的核心任务”（Lemke, 2004: 25），“互文性内涵对本族语及二语语境下的教与学有重要意义”（Flowerdew, 2012: 145）。其一，语域是互文性的典型体现，“语域规范‘复制’于现有语篇”（Berkenkotter and Huckin, 1995: 17）；其二，任何新语篇的建构都“有其来源”（Tierney and Shanahan, 1991: 246–280）。因此，互文性是二语教学不可或缺的研究视角。

互文性对教学的重要性已被我国学者认可、强调，“互文的语言特征在教学中应得到充分的重视，这对于提高学生的语言理解能力有重要意义”（娄琦，2005）。互文性视角主要应用于翻译教学、大学英语教学和阅读教学，鲜见于写作教学，这方面少见的论著（杨汝福，2008）也侧重于篇章读写互文，忽略用词、用语等的微观互文。在我国，写作教学还没有给予互文资源一定的关注，还未把语言线性结构（短语、简单句表达等）纳入互文研究层面。因此，本研究拟探讨互文视域下的学术英语写作教学。

（二）理论框架

学术写作实践体现高度的互文性，我们所读到、看到的句子或词汇影响着我们的口语与书面语交际。“任何语篇都不是孤岛”（Widdowson, 1993: 27）。写作常常受作者先前阅读的影响，“所有学术语篇都以某种方式吸取、依存或内化其他语篇”（Fairclough, 1992a: 146），“互文性可促成语篇高效加工”（Johns, 1997: 37）。新语篇的形成离不开前语篇的潜在效应。学术语篇教学中

---

① 隐性互文指构成互文性（constitutive intertextuality），并与语际互文性（interdiscursivity）（Fairclough，1992）有一定的语义交叉，两者的共同点是侧重隐性关系，两者的不同点是语际互文性涉及更复杂、更模糊的关系。

的互文性大多为隐性互文。隐性互文关系广泛存在于文本之间、文本内部、文本之外，涉及语篇的多个层面，如语篇内部的修辞形式、语类、线性连贯、措辞、主题结构等，以及语篇外部的文化意识形态，常见于概括与评论、比较与对照等课堂文化中。

互文性强调知识共享，读者享有前文本的语域知识、表达形式与内容、交际目的等，强调交际的潜移默化。语内互文关系涉及语篇的语言形式、表达内容和相关语类；语外互文涉及读者与作者的互动、老师与学生的互动等。这既诠释了教学现状诸元素又诠释了诸元素的互文资源。

图2-2为语篇知识共享与互文关系，可进一步概括为两大互文资源：语内资源和语外资源。语内资源涉及语言形式和文本内容、语域等维度。语外资源强调读者视角，强调读者的需求、读者与作者互动及交际目的等。源语篇、互文语篇与新语篇之间存在互文关系。新文本可以显性地使用源文本语篇、互文语篇资源，如引用数据、摘引文献、使用新闻报道等，以作为新语篇的背景、证据，或正面协助，或反面对照；新文本也可以隐性地模拟、转化源文本、互文语篇的可用资源，如从不同文本提取观点、看法、逻辑、语料等，提取语言隐性识别类型，如措辞、用语、语言线性表达等。这涉及语言分析的描述和解释两个过程（Fairclough, 1992a），前者指描述解构语篇所显现的语言事件或现象，后者解释建构语言现象所承载的意义。概言之，写作教学涉及复杂的并置与链接关系，包括语内并置与链接及语外并置与链接。该模式体现动态过程，涉及社会建构和认知建构。

（三）学术写作语篇中的互文类型

互文性写作教学研究的核心问题在于对源语篇（source discourses）互文关系的识别、分类、解读及转化，新语篇需要吸收、转化前语篇之意义资源，将源语篇和权威性的资源为新语篇所用，这涉及词汇、语句、结构、例证等语篇互文显隐性关系。隐性互文是本书强调的重点，这涉及本族语的语言规范。本书认为语法结构是二语写作互文的基本单位，如学术语篇的“高词汇密度、多名词化表达、多非人称结构”（Hyland, 2006: 13–14）。学术语篇的核心语言形式可概括为三部分：语块（多词序列）、轻动词（de-lexicalized verb）搭配、主谓（介）宾结构之间的非相邻结构和非人称结构。学术语篇非线性

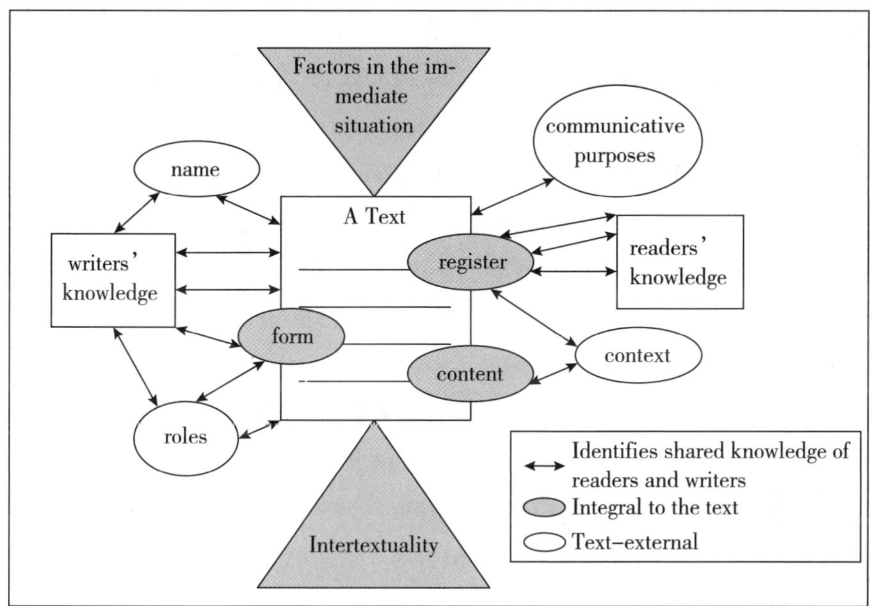

图2-2 语篇知识共享与互文关系（依据Johns, 1997: 37）

形式可以概括为主位结构和修辞结构。这些“语域规范可以从现有语篇‘复制’过来”（Berkenkotter and Huckin, 1995: 7）。

1. 语块

语块是互文源语语篇所呈现的一大特征，有多种形式，如主语语块、谓语语块、宾语语块、介词短语语块、状语语块等。以下互文源语语篇分别是法律英语（例1）、经典写作（例2～例4），网络语篇（例5）、本族语习作（例6）。

［例1］ *Registration statements*, *prospectuses* and *other information* are available to the public *in the Washington*, *New York* and *Chicago* offices of the SEC and to a lesser extent at regional offices *in Seattle*, *San Francisco*, *Denver*, *Ft. Worth*, *Atlanta*, *and Boston*. (subject chunks of nouns and prepositional object chunks of proper nouns)

［例2］ Too much of anything creates a kind of impotence of living by which one can no longer *hear*, or *taste*, or *see*, or *love*, or *remember*. (predicate chunks of verbs)

［例3］ I have nothing to offer but *blood*, *toil*, *tears*, and *sweat*. (object chunks of nouns)

［例4］ Studies serve *for delight*, *for ornament*, and *for ability*. (prepositional object chunks of prepositional phrases)

［例5］ We all stood *watching*, *smiling* and *laughing* as they darted past the cars. (adv. chunks of present participles)

［例6］ The guys saunter by *in sneakers*, *T-shirts*, and *blue jeans*, complete with a package of cigarettes sticking out of a pocket. (adv. chunks of nouns)

对源语语块的模仿、转换及复制可极大提高二语学生线性表达的信息密度，从而改善我国学生英语书面表达的松散状态，因为高密度是学术语篇的特征，松散性是口语语篇的特征（Halliday, 1989；Lewis, 1993: 100）。词汇语块是提高信息密度的有效方法，因此，“语言教学需要向词串教学转移”（Wang, 2007）。

2. 轻动词搭配

“轻动词更具有搭配力”（Lewis, 1993: 34）。搭配力强的轻动词主要有have、make、do、get、put、take（Lewis, 1993: 144），如：

do-type搭配类型有do individual counseling、do correction、do research in、do assurances、do justice等；

get-type搭配类型有get promoted、get access to、get a decisive determination、get a conviction等；

take-type搭配类型有take installation of machinery、take grave exception to、take instructions、take precedence over the rules、take the consequences of、take responsibility for decision等。

对于搭配类型的学习，学习者应获取语料库的互文资源而非语法书的互文资源，以便转化真实的源语语料并将其应用于写作中。这有助于提升二语学习者书面表达的自然性及地道性。

3. 非相邻结构和非人称结构

非相邻结构前文已有分析，这里简述非人称结构。

学术语篇中常常出现以it及其他如数据、方法、模式、条件等非人称的成分作主要句法结构的形式。这种模糊限制语的使用，减少了人（作者）作为施事的机会，有利于凸显学术语篇的公正和可信，如例7～例9所示。

［例7］ *It would* seem possible, and efficient, to assess potential regional differences as part of a global development program, i.e. for development of data to occur simultaneously in various regions, rather than sequentially.

［例8］ *The supply of oil* can be shut off unexpectedly at any time, and in any case, the oil wells will all run dry in thirty years or so at the present rate of use.

［例9］ *The State* advocates sincere, honest, healthy and civilized online conduct; it promotes the dissemination of core socialist values, adopts measures to raise the entire society's awareness and level of cybersecurity, and formulates a good environment for the entire society to jointly participate in advancing cybersecurity.

学术语篇侧重客观陈述，通过使用非人称结构可以模糊作者和主题之间的关系，这表现为“作者缺席”。如例7强调了说法的来源、研究的可信度，暗示了话语的客观性和准确性，也降低了作者所应承担的义务或责任。从语态上看，此类语篇的突出特点是高频率地使用被动语态。对非相邻结构和非人称结构的学习和掌握有助于提高二语学习者书面表达的准确性和直观性。

上面展示的是互文性的语内外例证，展示、分析语内资源信息，使之更为可视化和明确化。本族书面语一般有其搭配形式，其中大量的是自由搭配或非相邻结构。非相邻结构因其传递丰富的信息，在文学散文、法律英语、医学英语等学术语篇中的“用处胜过单个词汇”（Lewis, 1993: 120），“语篇权威的阐释要定位在文本内”（Bloome and Egan-Robertson, 1993: 320），而且要定位在课堂文化中。

（四）互文性写作教学实践

“写作教学语境下的互文性是一种社会互动”（social construction）（Bloome and Egan-Robertson, 1993），在“社会互动中，老师希望把相关的语域知识展示给学生，使教学锁定在学术英语语篇资源评价与转化之中”（Hyland, 2006: 48）。“定位课文资源权威被视为课堂教学的一个特色”（Bloome and Egan-Robertson, 1993: 320）。课堂师生间的社会互动是互文关系的社会延展，强调老师一定程度的介入，同时也强调学生的高度独立。互文性是社会建构，同时也是认知建构。互文性产生于读者头脑，是头脑内在并置链接的结果。“读者是在头脑中进行文本转换、吸收和建构马赛克式的交叉文本”（Kristiva, 1969）。模仿好文章有助于发展学生的写作能力，使他们越来越熟悉新的文化实践。

1. 课堂互文性的社会建构

师生可以构成课题互文的一大关系。老师介入旨在构建、强化学生头脑中的互文关系，提高其发生频率。课堂互文教学要求老师向学生展示学术写作规范、西方思维范式、中西方思维差异、语篇组织结构、教材学术语篇特征、语言形式与语域整合、语言线性表达与西方思维整合、语言形式与思想内容整合等内容。

“教授学术英语语篇的文化属性是老师主要的教学任务”（Hyland, 2006: 44）。展示中西方思维差异是互文教学的一个关注点。西方思维以直接为主要特点，以演绎法为主流，东方思维以间接为特点，以归纳法为主流，中国和朝鲜尤为典型。东方思维呈回旋状，东方“展开话题的方式是回旋式，揭示主题内容的视角是切面式。以这种思维方式写作会使西方人感到别扭、不自然”（Kaplan, 1966）。教学任务要以学生为主，加强学生的语言表达能力和思维接受性，使学生能够客观评价、接受西方文化思维模式。

互文教学强调中西文化介入。中西方文化对比可提升学生的线性表达能力，矫正书面语口语化特征、矫正垂悬修饰语，从而提升学生语言表达的地道性。老师诊断式指导贵在鉴定、消减学生英语句子表达中的汉语文化痕迹。

首先，受汉语影响，我国学生的英语句子偏好使用动词，诸如hope、wish、wonder、desire、assume、think、guess、want等。而这些动词的使用一定要有人称主语的陪伴，即“I hope/wish/wonder/desire/assume/think/guess… that…”，致使书面语口语化。

其次，反复使用动词是汉语文化的又一语言表征，但在英语中，随意使用动词是导致语病——垂悬修饰语的一个主要原因，如“Looking out of the window, a garden can be seen”。因此，要揭示汉语动词的普遍性、英语动词的少见性，是矫正语病的一大窍门。要修改垂悬修饰语，就要有意地砍掉句首动词，消减汉语痕迹。

老师脚手架式的教学能将文化适时地导入并融于教学的各个层面，经过搭建或拆卸脚手架可以促进学习者的能力从已有水平向要达到的潜在水平发展，这一过程即“老师大量介入”到“学习者独立性增加”，再到“老师介入减少”，最后达到“学习者行为独立”（Vygotsky，1978）。老师脚手架式教学如图2–3所示。

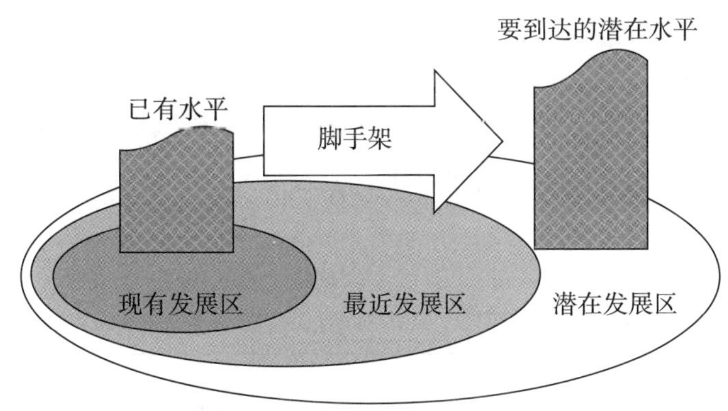

图2–3 老师脚手架式教学

老师脚手架式教学有助于提升学生批判性思维能力的四大问题，涉及论点的合理性、全文的逻辑性、首段的演绎逻辑及论证段落的逻辑性；呈现两大层面，老师源语资源评价及学生资源并置与链接评价，如表2–2所示。

表2–2 老师源语资源评价及学生资源并置与链接评价

老师源语资源评价		学生资源并置与链接评价	
Q1	本文观点是什么？合理吗？	Q1	你认为该怎样提出合理观点？
Q2	本文采用怎样的逻辑结构？按照怎样的方式排列？有无语言线索？	Q2	你的文本有逻辑性吗？你的排列方式是什么？语言线索又是什么？
Q3	首段怎样保持演绎法？	Q3	你的首段与其他段落有逻辑关系吗？全文有连贯性吗？
Q4	每个段落有无逻辑性？中间段落逻辑性是什么？	Q4	你的第二、第三段有无逻辑性？
Q5	不同文本中使用了哪些逻辑结构类型？	Q5	哪类逻辑顺序适合你的文章？

续表

	老师源语资源评价		学生资源并置与链接评价
Q6	本文该怎样开头？怎样是自然的开头？	Q6	你用什么词语开头？是否使用“with the development of...”等词语？
Q7	首段应该陈述什么样的内容？	Q7	你陈述怎样的内容？
Q8	中间段落怎样解释与举例？事例/数据来自哪里？是否充分？	Q8	你举例时使用什么词语？你的举例是否有效？是否充分？
Q9	文中近义词语丰富吗？近义词语体现几种词性？	Q9	你的同义词是否丰富了表述？
Q10	段落间的衔接词语是什么？	Q10	你用什么词语连接段落？
Q11	文章结尾方式自然吗？是喊口号式结尾吗？	Q11	你的文章结尾自然吗？怎样做到自然结尾？
Q12	概括全文逻辑性特征	Q12	怎样保持全文逻辑性？
Q13	原文有什么优点和缺点？	Q13	你的文章有什么优点和缺点？

表2-2凸显老师脚手架式教学特征，旨在揭秘源语语篇资源。同时，表2-2亦凸显学生间的互动性。这是因为“文本基本的分析单位是协作”（Bloome and Egan- Robertson, 1993: 309），以及“同学间互动可提升学习者的独立性”（Hyland, 2006: 316）。学生是文本资源并置与链接的使者与实践者，可以使用文本资源并置与链接多层面的互动方式，如评论、对照、分析、讨论等，以识别、归类和解读源语互文性，熟知源语资源的互文关系，适应源语的语内外规范，突破中英不同文化的藩篱，提升二语书面语的地道性与交际性。

2. 课堂互文模仿及构思

认知建构涉及认知模仿。模仿通过分析语域以揭示其主要特征。模仿的模型是范例语篇，它能够提供语言规范及学术语篇结构的范例。学生需要分析不同范本，辨识结构移位、评论文章在组织结构、内容、形式规范等方面的异同。模仿好作品的各类规范有助于拓展学生的文化与社会视野，有助于发展学生的读写能力并使之熟练化。

“互文模仿涉及从结构到形式的各个层面”（Briggs and Bauman, 1992: 146）。模仿是互文关系的深化，把先前阅读的文章视作资源，并创作出新语篇，即学生习作。在模仿中，学生可以把源作者的文章转换为读者文章，通过分析、比较、批评、解构等过程，学生可以模仿学术文章的各层面的内在资源，再加以建构。学生还可以模仿语内外资源，如模仿线性语法结构、模仿非线性的构思过程等。同时，写作构思过程呈现典型的模仿性。例如，议论文写作、构思过程旨在确定话题的争议性，涉及正、反两面性，这正反争议观可能源于"人有阴晴圆缺"的哲理视角，呈现互文模仿内涵。论文立意过程是互文模仿的又一例证，立意也需要参照读者，模仿其价值观、生活方式、文化环节、心理特征、语言水平等；取材也呈现互文模仿过程，相关的可靠内容选自对议论主旨的互文参照及模仿。互文视角下的写作教学有助于提高学生的构思能力及论证能力。

（五）结语

互文是一种"潜势"，其实现依赖多种因素，在写作教学中，互文会依赖语言内外的因素，这是本部分讨论的重点。本部分讨论旨在提升学生的互文能力。互文视角至少从三个方面有益于写作教学：

①互文性为教学提供了动态视角，强调多种互动关系，如老师脚手架式教学、伙伴互动、结成学生团队等；

②互文性提供了开放的教学大纲；

③互文性以学生为中心，能够培养学生的批判性思维能力，有效地提升学生二语写作能力。

互文性教学以读导写，写前丰富和完善自身的思想及观点，写后与他人讨论语言及构思，加强了写作的互文环境。写作任务是在源文本、互文语篇及新文本之间的互文关系中产生的。学生潜在的互文能力需要老师去培育，本族语源语篇蕴含丰富的互文资源，涉及文本的各个层面，互文能力可帮助学生转换源语资源，并将其内化为自己的写作能力。丰富的互文资源也可出现在文本外，如老师和学生资源，读者与作者资源等。学生互文能力的提升是新文本（习作）成功的关键。写作互文视角不仅有助于语域意识的提升、写作能力的提高，而且有利于批判性思维能力的培养。写作教学的互文性视角对提升学生的英语写作能力是个有益的探索。

三、学术语篇互文类型及其功能探讨——以美国《统一商法典》为例

（一）引言

法律英语语篇是普通法国家（common-law countries）在立法、司法和执法中使用的一种语类，既关涉法律、法规、合同、判决、裁定等法律文件中的书面语，也关涉在法庭、审问等场合下使用的口语。法律英语语篇彰显了职业性篇章的独特性：从内容上看，它体现出较强的专业性，如法律、法律条文、法规、规章、决定、国际公约、协定等；从语体上看，它“呈现出独特的语域表征，如古体词的运用、外来语的运用、语言冗长枯燥。

法律英语，是最难学习的专门用途英语之一”（Mellinkoff, 1963）。法律英语语篇也表现出互文性，“立法条例尤其彰显篇内互文关系（intertextuality）与篇际互文关系（interdiscursivity），法律语篇所使用的互文关系之压倒性、多样性与深度是其他类语篇无可比拟的”（Bhatia, 1993: 2）。

本部分以美国《统一商法典》（*Uniform Commercial Code*，UCC）语篇为例，拟分析立法语篇的互文性诸表征及其功能，探讨其语篇性的成因，也可为法律语篇的可读性、可写性、可译性提供研究模式，以期对于互文性在规范性法律文本中的相关研究有所贡献。

（二）互文性理论

互文性这一概念源自法国符号学家Kristeva的《词语、对话和小说》，她认为某一文本与其他文本之间存在对话关系，或某一符号系统与其他符号系统之间存在换位关系。文本间存在多种互文手段，如模仿、复制及转换等，这不仅涉及典故、模仿或混杂，还涉及文本与语言的改写。互文性研究见仁见智，呈现不同的研究视角：从横纵排列（permutation)关系上，分为物质（material）互文与结构（structural）互文；从功能关系（Lemke, 1992）上，分为主位（thematic）互文、定位（orientational）互文与组织（organizational）互文；从融合方式上，分为序列（sequential）互文与嵌入（embedded）互文、主动（active）互文与被动（passive）互文（Hatim and Mason, 1990）；从程度

上，分为强（strong）互文与弱（weak）互文（Jenny, 1982）、表层（surface）互文与深层（deep）互文（Fairclough, 1992a: 119）、显明（manifest）互文与构成（constitutional）互文（Fairclough, 1992a: 104）。虽然研究视角不同，但是研究者在这一点上达成了一致：文本不是无中生有的，而是相互交织、互涉互渗的，文本间存在着吸收与转化关系，这种关系产生于写、读、说、看、听的过程中，呈现为语篇内外的平面与立体两类链接关系，概括为篇内互文与篇际互文。

从检索到的相关资料来看，互文性研究主要涉及理论与方法论两方面。理论方面，比如基于索绪尔的语言符号观与巴赫金的对话理论，主要研究者有Kristeva（1986）、Bakhtin（1986）、Jenny（1982）、Culler（1981）、Fairclough（1992a）等。方法论方面的研究侧重对语篇实践方法的探讨，其中，涉及批评话语分析的主要研究者有Fairclough（1992a、1995b、2003）、Beaugrande 和Dressler（1981）、Lemke（1985）、Bhatia（1995、1997、2004、2010）、辛斌（2000）、秦海鹰（2004）等；涉及体裁分析的主要研究者有Bhatia（1993、2004、2010）、辛斌（2001）等；涉及语用分析的主要研究者有肖薇和陈新仁（2013）等；涉及认知研究的主要研究者有冯志国、郭印（2014）等。互文性研究话题广泛涉猎文学作品与公共话语。文学作品方面的研究主要关注挪用的复杂异构性和互文性。在公共话语研究方面，武建国和颜璐（2015）主要关注对广告、电视剧、网页等大众媒体的交际分析。然而，目前学界对互文性的职业话语研究不足，对立法语篇及法律语言的互文性研究较为缺乏。而法律文本尤其是法律法规文本所彰显的横纵多元的互文关系，是其他类别文本无法比拟的。本书拟以Bhatia（2010: 34）的互文性理论为基础，分析UCC语篇特征，揭示其互文关系及其功能。

（三）学术文本互文性分析模式

Bhatia（2004: 125–128；2010: 47）认为，UCC语篇包含以下要素：语篇、体裁、专业实践与社会文化，并呈现两种类型：篇内互文及篇际互文，前者指涉篇章符号资源的挪用（appropriation），后者指涉语类资源的挪用。UCC语篇的要素与特征如图2–4所示。

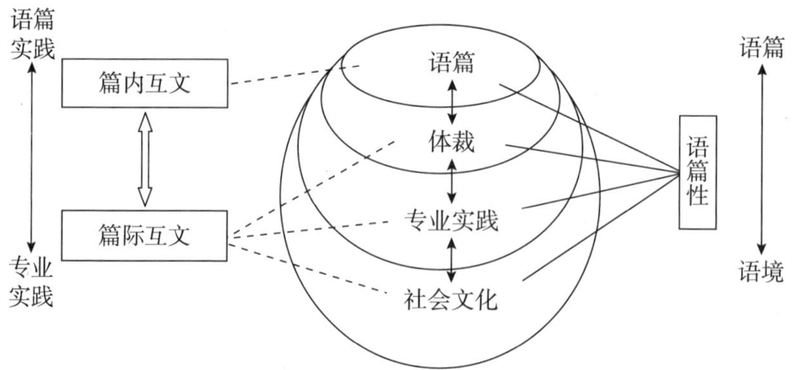

图2-4　UCC语篇的要素与特征

篇内互文与篇际互文是法律语篇的显著特征（Bhatia, 2004: 42），UCC语也具有这一特征。篇内互文与篇际互文均可凸显语篇的语境内涵和再语境化功能，是语类分析的有效工具。但两者也存在不同：研究对象不同与研究程度不同，前者关注语篇（discourse），后者关注语类（genre）与文体。篇内互文表征语篇空间，具有语篇内部特征（text-internal factors），指实际的语言元素出现在其他语篇中，显现跨语篇的挪用关系，涉及前语篇向现语篇的转换，以及引用、提及前话题、前事件等互文手段，主要关注语言资源的挪用，一般涉及语篇表层资源，如词语、小句、句子、段落、章节。篇际互文关注语类（genre），呈现语类空间，涉及跨语类资源的挪用，以话语实践、专业实践与文化实践（Bhatia, 2010: 32）的方法，呈现语篇的外部关系（text-external factors），表征社会行为。总之，两者是同一现象的不同视角，从研究对象到研究层次均有不同程度的差异。

UCC语篇的两个互文过程均指向语篇的能产性、能解性，并涉及跨语类特征，强调语篇交际的多层面，蕴含语篇的多学科、多维度、多视角。互文性理论视语篇为混杂体（hybridity），并视其为语篇交际意图的再现，包括私人意图及社会意图。总之，UCC语篇是语篇资源、社会结构、专业实践的结合体，体现了语篇的能产性（productivity）（Fairclough, 1992a: 270）。语篇的能产性也包括其能解性，互文性视角下的阅读就是写作，写作也是阅读。

（四）学术文本篇内与篇际互文类型

美国《统一商法典》（*Uniform Commercial Code*，UCC）被誉为英美法系

历史上最伟大的成文法典之一，“许多规定反映了当代商业和交易的最新要求，是国际上承认的准则”（洪德，1986）。其语言呈现一定的立法典型性，可视为法律英语的代表。UCC是一部非官方的立法。1940年开始酝酿、起草，1952年正式公布。后又经过了多次修改和修订，形成了数个不同的正式文本，内容及结构日臻完善，成为美国商业贸易领域中最为重要的一部法律，也对国际商事条约及各国和地区的商事立法产生了重要影响。

UCC是美国商事惯例的汇集。它的制定和实施标志着中世纪商事立法在美国的复苏。表现为法典的主要渊源是商事习惯和惯例；法典规则是在商事习惯和惯例进行细致考察的基础上确立的而不是凭空制定的；在实用主义法律观念的推动下，美国法官在审查商事案件的事实时，开始对僵硬的法律规则进行改造并逐渐承认商事交易中的习惯规范，进而确认贸易习惯和商事惯例的法律效力。UCC是按照商业流程的自然程序制定的。具体分为总则；买卖；商业票据；银行存款与收款；信用证；大宗转让；所有权凭证；投资证券；担保交易；生效日期及废除效力。

互文性是立法语篇的显著特征（Bhatia, 2004, 2010）。UCC语篇中的篇内互文主要涉及挪用和预设。这表现在立法语篇的规约性，指涉语类、专业实践与专业文化（Bhatia, 2010: 35）。UCC语篇中的篇际互文主要涉及体裁混合型和程序镶嵌型两类。

1. 篇内互文性及其功能

UCC语篇是制定法与判例法的混合。从本质上讲，UCC语篇呈现较为显明的互文特征。法律文本存在广泛、典型的互文性关系，而UCC文本是对法律文本先例的吸收与转换，涉及先例话语、类似话题、元话题、显性主位的参照性、交易话题、知识背景的预设、先例情景等。显性互文的获得有多种途径（Fairclough, 1992a: 117），本部分主要阐述UCC语篇中的两类：挪用互文与预设互文。

（1）挪用互文的关系及其功能

篇内互文的一种显著现象是挪用互文，涉及对他类语篇词语的借用。互文关系中，借鉴和复制其他作品的修辞手法称为挪用（appropriation）。UCC语篇挪用互文的一显著表现是引用概念或词汇，即把外来语与古体语词汇通过调用（transportation）的方式纳入现代文本。Mellinkoff将经常使用的法律语言词汇分为以下几类：法律专业意义的普通词、古英语和中世纪英语稀有词、拉丁词和短语，普通词中不包括法语词、法律专业术语、专业行话、正式词语、多义词语及极端精确表达词语。对UCC语篇进行穷尽性的搜索可以发现，UCC语篇中也呈现这些词汇类型，涉及广泛的挪用互文现象，既涉及对古词语的引用，又涉及对现代词语的引用，即对财会、金融、法律等跨学科词汇的引用。

古（中）英语词语的挪用如hereunder（据此）、thereunder（依据）、thereof（由此）、hereof（关于）、therein（在其中）、thereafter（其后）、thereby（因此）、hereby（特此）；外来词语中有相当多的拉丁语和法语，拉丁语的挪用如 pro rata（按比例）、pro tanto（至此）、seriatim（逐一地）、testimony（证词）、et sequentes（以及下列）、prima facie（初步印象、乍看的）、bona fide（真实/诚的）、status quo（现状）；法语词的挪用如suit（诉讼）、plaintiff（原告）、attorney（律师）、bail（保释金）、bailer/bailee（委托人/受托人）、verdict（裁决）、consigner/consignee（发货人/收货人）、assignor/assignee（委托者/受托人）、mortgagor/mortgagee（抵押人/承受抵押人）、lessor/lessee（出租人/租户）、memorandum（备忘录）等。

除了古（中）英语词语与外来词语外，UCC语篇还包含跨学科术语，如商业术语：beneficiary（受益人）、indorser（背书人）、lien（留置权）、dishonor（拒付）、claimant（索赔人）、transferor（转让人）、reconsignment（改变原提货单上之交货地点或运输路线、收货人等）；会计术语：unliquidated（未结算的）、mortgagee（承受抵押人）；法律术语：estoppel（禁止翻供）、replevin（取回被扣押物）、obligor（债务人）、warrantor（保证人，担保人）、infringement（违反）、encumbrance（债务负担）、assignee（受让人）等。

词汇键入具有再语境化作用，这些词成为日常英语词汇，保留拉丁语、法语、古（中）英语的原型，使法律英语的行文语义明确，结构紧凑，又不失庄重感。

（2）预设互文的关系及其功能

预设是指假定已经建立或者给定的语言现象。对预设现象的研究关注前文本与现文本之间互参、互照的关系（Fairclough, 1992a: 120）。UCC语篇中的大量细则呈现存在式与条件式预设，依据Fairclough（2003: 58）的观点，这些预设可以分为三类：命题式条件预设、指称式存在预设、价值式存在预设。UCC语篇中的预设互文如表2-3所示（基于UCC语篇关键词搜索的数据结果）。

表2-3　　UCC语篇中的预设互文

命题式条件预设		指称式存在预设		价值式存在预设	
引导词及其频率		引导词及其频率		引导词及其频率	
if	1350	X of Y	7278	under	928
unless	293	N's X	813	with respect to	924
but	234	this X	742	subject to	204
when	218	that X	183	without	161
who	217	the X	38	in accordance with	73
whether	133	those	76	through	66
where	88	these	6	according to	51
even though	51			in connection with	33
which	37			in the absence of	24
as if	29			in case of	10
although	11			with regard to	9
providing/provided	10			except for	6
whenever	7			with reference to/ in relation to/ by virtue of	5

①命题式条件预设的关系及其功能

命题式条件预设是UCC语篇中一个主要的互文现象。在UCC语篇中，if从句（条件状语从句）使用频繁，约占全文句子的20%，且绝大多数为直陈条件句（indicative conditional sentence）。法律条件句的引导词包括if、where、when、in case、provided、providing等（李克兴，2008）。UCC语篇中，命题式条件预设所使用的引导词类型较多，如表2-3所示，包括unless、but、whether、even though、as if、although等。在它们引导的从句中，if从句占绝大多数，一般呈现为法律逻辑结构形式，如例1至例4所示。

［例1］ An action is taken seasonably *if* it is taken at or within the time agreed or, if no time is agreed, at or within a reasonable time.

［例2］ Goods or conduct including any part of a performance are "conforming" or confirm to the contract *when* they are in accordance with the obligations under the contract.

［例3］ It is ineffective *unless* the buyer seasonably notifies the seller.

［例4］ "Financing agency" also includes a bank or other person *who* similarly intervenes between persons *who* are in the position of seller and buyer in respect to the goods.

例1至例4包含的直陈条件句（if、when、unless、who为引导词），前提部分（antecedent）与结论部分（consequence）均为一般现在时态，如例1中的is taken与is agreed、例2中的confirm与are "conforming"、例3中的is ineffective与notifies及例4中的includes、intervenes与are。

引导词if、when、unless、who引导的内容明确界定了贸易交易中的诸项限制性条件，如例1中if引导的从句规定了协议达成的时间，明确了及时性行为；例2中when引导的从句界定了交易行为的限制条件；例3中unless引导的从句强调了买卖的效力，除非买方按时通知卖方，否则交易无效；例4 中who引导的从句界定了金融机构概念的条件或职责。Who引导的从句也可视为条件式的一类变体，比如"other person who similarly intervenes..."可以改写为"if other person similarly intervenes... "。

UCC语篇中的条件性从句可概括为两类结构，即"provision Y when provision X"及"provision Y if/unless provision X"，表示条件的延续或停止。前提条件（if/when/unless provision X）与结论（provision Y）皆可单独断定真假，即只有买卖双方均同意条件的前提是真（假）值，同时也承认结论的真（假）值，前提条件的实现结论才可生效。若某义务的实施受到某一条件的制约，那么该义务承担者就应尽力遵守条件要约。

命题式条件预设的互文性既有语义功能也有语用功能。

从语义功能上说，直陈式条件句可以表征无时间限制的事实情景，表达三层意义：法律主体（legal subject）、法律行为（legal action）与限定条件

（qualification）（Bhatia, 1983: 50）。例2呈现“XYZ”结构，X表示限定条件，即履约的任何货物或行为需要符合合同所规定的义务；Y代表法律主体，即货物或行为；Z代表法律行为，即合同得以确认或生效。对于时间状语从句来说，其主要目的是推迟付款至某具体时间，这取决于雇主支付承包商这一特定践行事件；对于条件式条款句来说，雇主支付的意图依赖其支付的可能性而非依赖对付款时间的推迟，这样未付款的风险便由主要承包商转移至子承包商。若某义务的实施受某一条件制约，那么义务承担者就应尽力达成条件，使其变为事实。法律主体之法律行为的达成依赖法律限定条件的满足。条件状语从句所表达的条件是主句行为能够实现的直接条件，即主体是否“及时”行动。这一断言的真假值直接依赖从句中的条件，即“在协议规定的时间内做出行为或在合理时间内做出这一行为”（如例1所示）。因此，条件预设投射了语用功能。

从语用功能上说，条件状语从句能够表征阐述类（representatives）间接言语行为，传递断言语力（the force of assertion）（Levinson, 1983: 240, 266）。UCC语篇中的条件言语行为包括断言、命令、劝说等，阐述了买卖贸易中的权利与义务，旨在进行法规宣传（advocacy）与推进法治（ the rule of law）。阐述式断言条件状语从句属于直陈式类型（DeRose and Grandy, 1999: 405），呈现零条件（双现在时条件式）特征，断言条件与结论的关系：断言买卖合同及其违约与补救的限制条件，规定买卖合同一方当事人在无正当理由情况下不履行合同或不按合同的约定履行义务，即是违约，并规定了买卖双方的补救方法。UCC语篇中的条件状语从句体现了条文制定子句的功能，表征间接言语行为，是立法条文的间接阐述方式。UCC条文中，条件状语从句部分表达事实情景，结论部分表达法律陈述（statement of law），预设买卖拟发生过程中状语对真实条件的制约，或在时间限制内，或在法规允许范围内，例1至例4中，法律文本利用语言预设将带有意识形态倾向的意义或信息表达为公认的事实，使其易于被读者接受，因为相关的预设是未被阐明的，有时不易发现或质疑预设命题。言者传递条件命题的真实性法律行为，即阐释条件句内容的立法概念，预设对承诺内容的绝对控制力。UCC语篇中，劝说式条件句含有情态动词may、can、might等，命令式条件句含有情态动词must和should。条件状语从句包括内容与文体两大类型（Quirk, et al., 1985: 1072）。表内容的法律条件句阐述了适用法律规范的条件，表文体的法律条件句体现了法律英语在文体上的周密性特征。

②指称式存在预设的关系及其功能

指称是UCC语篇的一种重要互文措施，主要体现在章节、标题、头衔等命名方式上，预设相关部分的信息来源（Sebeok, 1986）。在UCC语篇中指称修辞手法呈现为词汇预设类，如shall、there of等；亦呈现为短语预设类，如指称预设类（the X、N's X 、X of Y）。

［例5］ In addition Article 1 contains general *definitions and principles of construction and interpretation* applicable throughout this Article.

［例6］ If *words or numbers* are added to an incomplete instrument without *authority of the signer*, there is an alteration of the incomplete instrument under *Section 3-407.*

UCC语篇中存在大量的内容互文现象，大多涉及同文本内的互文关系，如例5及例6中的重复词语，如definitions and principles、construction and interpretation及words or numbers。篇内互文的主要方法是重复，如例5出现在UCC语篇的每一章，共出现了10次；另一互文方式是指称的普遍使用，如例6中出现多种指称手段，如头衔authority of the signer、标题Section 3–407。UCC复杂短语具有主题组织功能（topicalizers），建构语篇线性衔接内涵。

③价值式存在预设的关系及其功能

价值式存在预设在法律语篇中应用极广，它能够明示法律语篇的背景基础，展示其法律权威（Bhatia, 2010）。UCC语篇中的价值式存在预设标志词是介词或介词短语，如“依照、按照”（in accordance with、subject to）等，这些词组指明了权威性功能。例如，相关的under短语有：under a preexisting contract/Article/Section 2–505/the circumstances/Reservation of Rights/protest/this Article/such a term/any rule of law/provisions/paragraph/commitment/usage of trade/the criminal law等；相关的with介词短语有with Article/the lease agreement/the course of performance/ the knowledge of merchants/the obligations under the contract/the contract/the specifications/regard to the right and obligations/its provisions/due allowance or excuses /voidable title等。

预设命题是融合先文本的主要方法（Fairclough, 1992a: 120），它具有语境效应，能够表征背景知识内涵，句子的语用预设假设读者与作者一样有着共同的信念及共知常识（Stalnaker, 1973）。这一相互共知关系既是作者与命题的关系又是读者与背景的关系。语用预设把某一语篇与其他语篇联系起来，透视作者的潜在意识形态或文化背景。价值系统及相关假设属于政治话语等特定语篇，以"效率及适应力"的提升或可得性为目标。存在预设或命题预设也可以是特定语篇，其假设涉及条件情形、可能性及必要性，表征一定的意识形态，与霸权及通用化（hegemony and universalization）相关（Fairclough, 2003: 58）。预设命题有助于宣传立法规范。

2. 篇际互文性及其功能

篇际互文指构建现有语篇的规约资源的配置（configuration），其互文形式涉及语体、语篇、语类（Fairclough, 1992a: 104）。篇际互文挪用了其他篇章的语言资源，呈现其他文本的体裁或语篇类型规范的复杂关系。篇际互文关系涉及语类挪用特征，UCC篇际互文主要包括体裁混合型（mixed）与程序镶嵌型（embedded）两类。

（1）体裁混合型

篇际互文关系涉及特定方式下不同语类、语篇及文体的融合与建构（Fairclough, 2003: 38），呈现杂合或多声现象（Bakhtin, 1981），具有体裁互文特征。这是一种非常普遍的现象，几乎所有的语篇都会具有多种体裁特征（辛斌，2001: 348）。

UCC语篇混合了庄重体、正式体、简约体等子体裁(Bhatia, 1983)。体裁混合（genre mixing）在职业或学术交际中尤为常见（Bhatia, 1997: 192），"构成混合型篇际互文性的体裁，话语和风格等规约成分一般混合得比较复杂而较难辨认"（武建国，2010）。体裁混合主要涉及各级别的语类资源，包括词汇语法混合层面、修辞结构层面、篇章组织层面等，呈现纵横两种视角。

①UCC学术语篇呈现学术语类资源。立法语篇呈现多项学术特征，如名词短语、复杂介词短语、句法缺乏连接性，双项或多项名词表达特征（Bhatia, 1992: 226）。其中，名词短语是学术科技语篇主要的信息载体，学术科技语篇也常常使用名词性复合短语、名物化及复杂名词性短语（Bhatia,

1992: 222)。这些线性特征在UCC语篇中很普遍。

［例7］ A shipper guarantees to the issuer the accuracy at the time of shipment of *the description, marks, labels, number, kind, quantity, condition,* and *weight,* as furnished by the shipper, and the shipper shall indemnify the issuer against damage caused by inaccuracies in those particulars.

例7中使用了复杂名词性短语，斜体部分所示的复杂名词性短语可概括为“(N)(N)(N)(N)(N)(N)(N)(N) ...”结构体。UCC语篇中这类结构形式的数量远远超过向心式线性结构，如“(Det)(adj.)(adj.)(adj.)(adj.)...H (Q)”，及合成名词短语结构“(M)(M)(M)(M)(M)(M) ...H (Q)”。各类名词性复杂短语常常被用在学术及职业语类中（Bhatia, 1992: 263）。名词化结构是浓缩小句，是相同句子的后接引用，用于增加立法规定的精确度，避免含混模糊（Bhatia, 2004: 7）。

另外，UCC语篇中使用了大量复杂介词短语（complex prepositional phrases），其典型结构为PNP（Preposition–Noun–Preposition），如with respect to、in accordance with、in connection with、in the absence of、for the purpose of、in respect of、by virtue of等。法律语篇很少使用单个介词（如under），而常使用复杂介词。专家们认为，“单个介词可能导致模糊，缺乏透明度”（Swales, 1990；Bhatia, 1983；Bhatia, 1992: 197），这也不无道理，因为复杂介词短语表征复杂概念的整合。

② 学术语篇呈现简约类资源。UCC语篇是语类混合体，涉及三类文体：庄重体、正式体、简约体（plainess）。庄重体如拉丁语、法语、古（中）英语等，其法律语篇涉及合同、协议、保险单等，而外来词汇要么属于学者语言，要么属于法律英语专业术语，它们也都使法律英语在语体上更加正式，从而使法律英语更加庄严肃穆，富有权威性。法律语篇在立法、规章、条例的呈现上均为正式体。UCC语篇的文体亦呈现简约性。普通法律英语从冗长（verbosity）到简约的转变是1977年以来美国法学界的一个显著现象，Wydick（1978）提倡用自然而简单的词或短语替代律师用语，提出了缩短子句的方法：避免拙劣的小句结构，避免使用复杂介词，如将in accordance with改为under等。Bhatia（1983）提出使用词语easification指代法律英语文本中的“简

约性”或“普通性”，如例8所示。

［例8］ “Person related to”, with respect to an individual, means:

(A) the spouse of the individual;

(B) a brother, brother-in-law, sister, or sister-in-law of the individual;

(C) an ancestor or lineal descendant of the individual or the individual's spouse;

(D) any other relative, by blood or marriage, of the individual or the individual's spouse who shares the same home with the individual.

例8是一个典型的条款式结构，小标题点明了该结构的语义内容，并采用条款式名词短语的平行结构作为“means”的四个平行宾语。这种平行结构的使用简化了冗长的句子结构，减少了句子的数量，彰显了简约英语的特征，同时也确保在同一语境中信息的完整性。条款式结构在UCC法律语篇中十分常见，条款的排列形式呈演绎性，包括综述与分说两种，形式上呈大单位到小单位排列，如篇、章、条、款等。

（2）程序镶嵌型

程序嵌入是指某一法律程序内容涉及另一法律程序内容的情况，程序镶嵌型侧重语篇结构。例如，构成UCC语篇镶嵌型篇际互文性的体裁、话语或风格等规约成分，评论等特殊成分被嵌入由另外一种常规性成分形成的模板之中。

UCC语篇是由功能文本块拼贴而成的，它们在语义上彼此渗透、相互对话和指涉，体现了程序式镶嵌特征。如前文所述，UCC语篇注重前后层次、埋伏照应、结构严谨、简详得当并具有严格特殊的程式，呈现出结构互文性（structure intertextuality）。UCC语篇中同时有综述结构与分述结构，由总则、章、节构成，主要涉及概述与主要条款。按照事件发展的逻辑顺序组织并镶嵌程序块，按照说话人的认知顺序来组织语篇与镶嵌文本。在UCC语篇中，由每篇的总则部分引领全篇，即“第一章一般定义和解释原则也适用于整篇”；每篇的前言部分统摄整篇；篇下为章、章下为节、节下为条或款等。前面的内容是后面内容的基础，后面的内容一般是前面内容的发展。前后章节形成互渗、互透、互借的互文关系。

（3）学术文本的篇际互文性功能

互文性具有社会实践属性（Fairclough, 1992a: 63），表征一定的社会文化特性。从互文理论来看，任何语篇均可看作对社会、文化及历史语篇的吸收与转换，因此，立法语篇体现一定的文化互文性（Bhatia, 2004: 36）。UCC文本的互文性表征多重法律文化内涵。

立法文本的目的在于既施加义务又赋予权利（Bhatia, 2004: 105）。法律语篇的语类具有混合性、镶嵌性，其混合特征是由其应实现的目的所决定的，主要取决于个体的意向与社会交际目的。法律篇际互文语篇具有以下功能或目的：通知（informing）、劝勉（exhorting）与教育（instructing）（Bhatia, 1997）、宣传（advocacy）、封闭（closure）与法治（the rule of law）（Wetlaufer, 1990: 1589）。篇际互文常被用来实现命令与劝诫的功能。UCC语篇体现了立法体系的特点，通过统一合同法保护交易、鼓励交易、维护正常的市场经济秩序，起到调控作用，以及规范公民自我行为、体现国家权力意志，保护买卖双方的利益，规定卖方的责任担保与义务，保证合同的约束力等作用。

互文性与霸权两者之间有重要的关系（Fairclough, 1992a: 102）。互文关系的建构旨在"揭示隐藏的意识形态意义和社会权力关系"（辛斌、赖彦，2010），间接揭示了体裁规范的潜在意义。建构该语篇所形成的典型结构，既是话语实践的实例，又是社会文化实践的实例（Fairclough, 1992a: 4），潜在地反映着社会意识形态。概言之，互文性潜在地影响着社会实践的定位，是人们在语篇互动时的社会建构，涉及人际过程，如提议、认可、解释互文性的意义及后果。互文语篇的建构或阐释能够彰显社会文化的制约力。法律英语语篇类型已经成为法律文化规约的重要组成部分。

（五）学术文本互文性对语篇实践者的启示兼结语

我们分析了UCC语篇的互文资源及其功能：篇内关系呈现显性互文特征，如词汇挪用、表达或结构重复、预设等；篇际关系呈现隐性互文特征，如语类的混合、镶嵌等；UCC语篇有三类互文功能，包括揭示线性常规资源、唤起结构图式、揭秘法律文化。多元文本能够生成多元意义与多维视角，而符号互文性是我们理解文本意义的基石（Lemke, 1991: 13），语篇互文性分析旨在增加语篇的能产性与能解性。法律语篇丰富的互织性有助于唤起实践者的互文意识。从互文性阅读来看，实践者可以用已有文本的经验来阅读新语篇，寻找互文线索、辨认互文关系、认识语篇的指涉等。在文书、合同等的互文性写作上，互文关系对实践者也有一定的帮助：文本间的挪用与插入、职业体与简约体的混合、线性结构与逻辑结构、语篇与社会文化的关系，尤其是高信息密度的名词结构、多变体的条件句结构及表格式和条款式的固定格式的语篇结构，对这些进行有效的模仿、转借将有助于新语篇的形成，这也是实践者可以有意识使用的一种修辞手段和语用策略。

第三章　认知视角

一、心理模型——外语思维的认知视角

（一）引言

语言与思维相互依存，语言结构规律的民族性与思维方式之间存在着一定的互动关系。语言运用，包括对任何一种句式的选择和运用，都是一定认知规律的产物，不可能偏离人的认知规律。因此，外语教学应注重对学生思维模式的培养，逐渐培养学习者在语言编码过程中的“心理模型意识”，以思维为取向来改进外语教学，因为“学习外语不仅仅是掌握一种工具，更不仅仅是学习一种技巧，而是转换一种思维方式和习惯”（潘文国，1997：43）。所以我们认为，进行系统的外语思维的培养和训练应成为外语教学的重要途径。

（二）外语思维

关于外语思维这一概念，蒋楠（2004）在举证了中外外语教学文献中有关“外语思维”的论述后明确指出，外语教学界实际上是把外语思维界定为“在外语使用过程中直接使用外语，而不要经过母语的转换、翻译”。蒋楠还进一步指出，这一定义的实质是概念和外语的直接联系。也就是说，是否使用外语思维的区别在于概念是否直接衔接外语词语。如果是概念直接衔接外语词语，那就是外语思维；如果概念不是直接衔接外语词语而是以母语词语为中介衔接外语词语，那就是非外语思维。显然，这是从言语产出过程中“如何由概念提取词汇”这一角度来界定外语思维的，“外语思维是指按照外

语概念化模式的要求将所要表达的体验概念化，它不是一种随意的、可选的外语使用策略”（姜孟、王德春，2006：43）。

总之，这些定义侧重于对外语思维的理解及界定，而没有涉及对外语思维模式的建构和操作。那么，外语思维应该怎样在教学中进行训练呢？可否建构一定的认知模型？本书拟探讨外语思维的认知视角——心理模型问题。

（三）外语思维的心理模型内涵

我国学者徐盛桓（2007）认为，心理模型是人们心智中知识结构的组织形式，心智中的知识是人们对事物间的常规关系的认识，体现为以相邻/相似关系的抽象知识为维度组织起来的类知识，并分解为小型知识集。心理模型是语言系统同知识系统相结合的产物，具有定型特征，同时还具有变易特征。心理模型体现了一种思维方法，成为人们“自觉或不自觉地认识事物的一种视角、一种图式、一种框架、一种模型”（徐盛桓，2002）。

心理模型就是指头脑中的内部知识结构，一般可概括为两个维度：相邻性（proximity）和相似性（similarity）。相邻性可看作语义的相关性，即句子语义的接近导致其结构的接近，因此可将其视为英语线性结构的一个认知机制（cognitive mechanism）。相似性是指语言结构与认知方式相似。这一相似性体现为抽象思维的取向，即语言结构与抽象思维的对应。在外语思维这一方面，心理模型又可细化为“一个原则+两个维度+四个取向”模式，并可称为语言显性结构的认知模型。

心理模型体现着分析性的理性思维，是思维的抽象原则，这一原则具有两个认知维度：相邻维度和相似维度。一般来说，它们可进一步细化为四个不同的思维取向，即分析取向、客观取向、逻辑取向和形式取向。此模型体现了认知方式与语言显性结构的对应：认知方式可具体到句子显性结构形式上，如从部分到整体的排列顺序、客观主语。演绎逻辑推理所体现的段落结构是形式完备的线性结构，在思维方法上，它遵循三段论的形式，常常采取演绎的方法，按照线性进行展开。客观取向体现了语言的客观性，其主语的形式是物称（impersonal）而非人称（personal），物称主语的两种常见形式是形式主语和被动语态。相邻维度下的分析取向和相似维度下的逻辑取向，使语篇结构不仅具有完整性而且具有统一性。因此，思维模型与语言显性表达是相对应的。逻辑性是指通过形态来实现的严密的形式逻辑、线性逻辑，它强调语言单位之间的衔接（cohesion），偏重于使用形式手段，如连接词等。心理模型是以外语哲学、心理、文化为背景，将英语抽象思维、直线思维和形式逻辑思维融为一体，因此本书称其为外语思维的认知模式。

（四）心理模型与英语显性结构的互动

本部分拟从相邻与相似这两个维度，对心理模型与英语显性结构的互动展开讨论。在本书中，语言显性结构是指话语字面表达所呈现的语言表征而非语音形式。

1. 相邻性与语言显性结构

相邻性是指与内容相关、相邻的思维结构，其语言结构也是相邻的。思维的相邻性投射到语言中，所对应的就是显性结构的完整（unity）和连贯（coherence），这些可细化为显性结构中位置的相邻性和内容的相邻性。

（1）相邻性与句子结构完整

英语的句子结构趋向于长句（complex sentences），因为长句具有一定的优势，如严密、周详、精确、细致，宜于阐述复杂的观点、抒发细腻的感情、描述具体的细节。长句可表达多层逻辑思维，通过思维的叠加来扩展句子，即在不改变句子基本主干的基础上，增添具有相邻内容的短语如例1，或从句如例2，或在从句内再套从句如例3等来实现。

［例1］ I spent this New Year's Eve with some friends in a bar near the university.

例1含有四个思维内容相邻的子句：事件（我度过新年除夕）、发生方式（和谁共度）、发生地（在哪里共度）和带有参照地的发生地（确切的共度地点）。它们合成后的句子结构体现着显性形式的严密性和完整性。

事件与时间相邻：I spent this New Year's Eve.

事件与其发生方式相邻：I spent this New Year's Eve with some friends.

事件与发生地相邻：I spent this New Year's Eve in a bar.

事件与参照地相邻：I spent this New Year's Eve near the university.

［例2］The foreigner speaks to the whole class slowly but loudly so that he can make himself heard.

例2包含三个思维内容相邻的子句：The foreigner speaks slowly；his voice is loud；everyone in the classroom can hear clearly。本句以目的性的衔接词 so that 为纽带，把具有相邻内容的三个子句合为一个整体。

子句的融合也需要衔接手段的介入，以增强内容的严密性和逻辑性，如例3所示。

［例3］ As our search for the Holiday Spirit grows increasingly anxious, its lowercase liquid surrogate too often makes do, while Rosemary Clooney assembles in TV pixels to croak Noels, a kid on the radio vocalizes slyly about his mom kissing Santa and a flood of seasonal Muzak saturates the atmosphere. (*The Washington Post*, December 6, 1999)

例3中的长句阐述了复杂的观点，抒发了细腻的感情，描述了具体的细节。英语显性结构的表达习惯是把相关的思维内容尽量浓缩到一个句子中去表达，其结果是句子结构紧凑，这种结构常见于书面语。

（2）相邻性与段落模式

思维的相邻性有助于段落的统一（unity）和连贯（coherence）。将内容相邻的语言表达形式（如句子）组织在一起，有助于增强段落的统一性；将思维内容不相邻的句子组织在一起，则会破坏段落的统一性。

第一，相邻性与段落的统一。具有统一性的段落包含的句子在内容上是相邻的。相邻性促成了段落统一体，整段体现为一个中心，如例4所示；例5则是缺乏统一性的句子，因为它包含的子句并不相邻。

［例4］ The recent water shortage in California forced changes in Californian's lifestyle. When water was rationed, Californians learned to conserve water. They didn't water their lawns or gardens or wash their automobiles. They took fewer showers and baths. Californians also learned to recycle water. For example, they used the rinse water from their washing machines to water house plants and gardens.

［例5］ My father is very strict with his children, especially me. He will not let me out of the house unless I have done all my homework. Frankly, I do not care whether I go to school or not. School is such a waste of time. There are not any good jobs anyway. My mother does not agree with my father. They quarrel a lot. Sometimes I wish they would get a divorce, but then who would I live with?

在例4中，第一句为主题句，以下各句为支持句（supporting sentences），分别从不同的角度来解释“生活方式的改变”这一中心思想。因此，相邻的各句促使此段落形成一个统一体。

例5中的第一句也是主题句，其功能是概括本段的中心思想。其他句子同样是支持句，帮助解释主题句，这一思路符合相邻性原则。依据这一原则，对关键词语strict可从两个方面加以解释：be strict both in one's study and in one's life。然而例5缺少这样的思维模式，把不相关的概念内容拼凑在一起，不符合相邻性原则，因此是不可接受的。

第二，相邻性与段落的连贯性。思维的相邻性在段落中体现为句子的排列顺序，即空间相邻与空间顺序对应、时间相邻与时间顺序对应、形状相邻与重要性顺序对应等。因此，段落中的句子常见的排列顺序是空间顺序（spatial sequence）、时间顺序（temporal sequence）、重要性顺序（sequence of importance）等。相邻性不仅可以增加段落的统一性，还可以促进段落的连贯性。

2. 相似性与语言显性结构

语言模式与心理模式之间存在着一定的相似性，客观性的思维习惯与客观性的语言结构相对应，语言的客观性是思维的客观性在语言中投射的结果。这一相似性在句子层面主要是通过主语的客体化（objectized subject）来体现的，在段落层面则体现为线性结构模式。

（1）客体主语

客观思维与语言的客观性相呼应。主语并非动作发出者，一般是时间实体（例6）、事件实体（例7）、状态实体（例8）等，还可以用虚化词it作主语（例9）。因此写作时要注意培养学生客体主语的思维意识。

［例6］ The year 2004 found me a visiting scholar in Oxford University.

［例7］ The May Fourth Movement of 1919 saw the beginning of the "New Redology", represented by scholars such as Hu Shi and Yu Pingbo.

［例8］ Great changes have taken place in China.

［例9］ It occurred to him that he hadn't eaten anything since the night before.

由例6至例9可知，英语的客观性随处可见。在句子结构中，"人称"向"物称"的转换有利于提高这一显性结构的客观性，从而使客观思维与语言的客观性相呼应。

（2）线性逻辑结构与显性结构的完备性

线性逻辑的典型结构是对三段论的演绎，段落和语篇结构模式一般呈现三个部分：主题句、支持句以及结尾句。演绎法是西方人较习惯的一种思维方法，他们长期受形式逻辑和逻辑原子主义哲学的熏陶，形成了一种重形式论证的思维方式。演绎法不仅体现了语义逻辑的一致性，即围绕一个中心展开，而且也体现着完备性（entirety）和形式逻辑的严密性，衔接（cohesion）的手段（Halliday and Hasan, 1976: 13）分布在句里行间。线性逻辑的结构和形式的完备性是英语显性结构（段落和篇章）的共性（例 10），既体现了从总论到分说的线性演绎结构，又通过词汇衔接手段取得了形式的完备性，这里我们称为词汇链衔接手段，如trees、timber、fruits、seeds。

［例10］ Trees are helpful to us in many ways. Trees provide man with timber, fruits and seeds. With timber, we can build houses, make furniture and paper. Fruits are our food which is necessary to us every day. As for seeds, they can be used to extract oil.

3. "金字塔"思维模式——相邻性与相似性的整合

在上述分析的基础上，我们提出英语显性结构的构思模式——"金字塔"思维模式，如图3-1所示。位于塔尖的是主题句，位于中间位置的是子主题句，处于塔底的是支持句。这一模式的横轴代表相邻性，纵轴代表相似性。

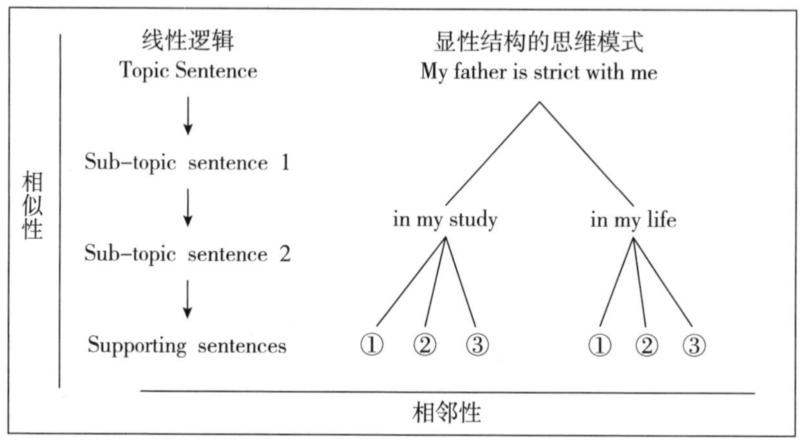

图3-1 "金字塔"思维模式

（五）心理模型的必要性兼结语

从理论上讲，心理模型是以认知语言学为基础的，它坚持根据人类认知的一般规律来解释语言。我们认为，英语表达方式的形成和运用，是人类认知特征的产物，并没有偏离人类认知规律，它归根结底受"优化"认知特点的制约，因此，语言的教与学一定要采用自上而下（top-down）的方式，从认知模型开始。希望这一研究不但能有助于人们加深对英语表达方式的认识，而且能加深人们对人类认知规律的了解。总之，外语教学是一种复杂的心理认知过程，即转换一种思维方式和习惯。因此，心理模型的建构对提高学生外语能力不仅是必要的而且是可行的。

对外语教学来说，运用和实践心理模型这一认知模式也是必要的。一般来说，我国学生都有自己的默省思维模式，这源于他们在日常生活中抽象和概括出来的一般知识，一般带有浓厚的汉语文化特色。学生原有的思维方式和文化习惯无时无刻不在阻碍着他们英语能力的提高。因此，有必要用外语思维的认知模式来淡化或削弱他们已有的默省模式的影响，以避免两种思维模式产生冲突，不利于他们形成目标语的思维模式。可见，在学生进行语言显性结构的培养时，仅注意对语言表达的教学是不够的，还需要更高的文化层面的教学。因此，老师需要帮助学生建构一定的认知模型。

二、象似性视角下的二语写作教学研究

（一）引言

我国英语学习者的英语写作常常被认为话题不集中、缺乏组织或缺乏衔接力，这是因为“外国学生使用的修辞方式及思维序列违背了目标语读者的预期”（Kaplan, 1966），Kaplan的论断是基于700多篇外国二语学习者的英语作文得出的。我国英语学习者能建构语法正确的句子，比如“This is bus 25 that drives to Salinas.”。而目标语者的表达为“This is line 25 service to Salinas.”。在意义建构方式上，前者显然不同于后者。我国英语学习者的作文语言表征看起来笨拙，读起来拗口，不自然，如“with the development of society”“as far as I am concerned”“there is no doubt that...”“it is my personal position that...”“some people hold the view that...”“as every coin has two sides”“last but not least”等。这些表达在一定程度上违背了英语的思维模式，造成了二语表达的非地道性。这种缺乏文化适应或语际文化适应的现象在我国英语学习者的英语作文中很常见。

简言之，对比修辞教学与语法教学具有同样的意义（Kaplan, 1966）。因此，本书以2014年NAEW语料库为基础，采用象似性认知视角进行二语写作研究，旨在增强我国英语学习者在写作中的文化适应性。

象似性已广泛应用于语言诸层面研究中，如语言符号、句法、语篇、委婉语、修辞、新闻标题、小说、诗歌、文体学等（王寅，1999，2000；沈家煊，1993；Ungerer and Schmid, 1996）。另外，一个主要应用是在语言教学领域，特别是在英语语法方面，如句法模式、不同层次的词汇教学、英语教学和句法结构对比研究（王寅，1998；欧阳苹果、曹群英，2008）。然而，象似性很少应用于大学英语写作教学，因此，本书关注象似性在大学生英语写作中识别、适应本土学术写作习惯的潜在动机。

（二）象似性理论

象似性是一种结构概念，在这种结构概念中，语言形式与其表达的概念是结构相似的（Haiman, 1985a）。国外学者对象似性的理论原理进行了详细的

描述，并将其划分为以下五类：数量象似性、顺序象似性、空间象似性、距离象似性和主题象似性（Haiman, 1985b；Nanny and Fischer, 1999；Ungerer and Schmid, 1996）。

基于对以往文献的研究，加上对近千篇我国英语学习者英语作文的观察及分析，我们构建了二语写作中的象似性理论框架，如表3-1所示。

表 3-1　Iconicity Theoretical Framework（象似性理论框架）

Iconicity approach to the adaptation of natural academic conventions			
Dimensions	Intratextual	Textual	Genre
Types	Quantity (QI) Symmetry (SI)	Sequence Order (SOI) Topic (TI)	Academic Genre (AGI) Objective (OI)
Functions: Acculturation	Linear Nativelikeness	Textual Nativelikeness	Rhetorical Nativelikeness

象似性的两类手段是数量象似性（QI）及对称象似性（SI），可以提升二语线性表达的地道性；语篇象似性的两类手段是顺序象似性（SOI）及话题象似性（TI），可以保证语篇内容的一致性、连贯性及衔接性；语域象似性的两类手段是学术体裁象似性（AGI）及客观象似性（OI），可提升二语写作修辞的地道性。本书认为这六类语言象似性对二语写作非常重要，因为它们都有助于培养二语写作中线性的本体性。这些象似性关系能够通过对英语写作中目标语规范的转化及内在化，进一步加强我国英语学习者对英语写作的文化适应性。

（三）目标语学术规范的象似性

语言与文化紧密相连，与情境及文化语境紧密相连。结构象似性有助于提高我国英语学习者对目标语学术规范的文化适应程度。从语言的复杂性来看，数量象似性对我国英语学习者具有重要的指导意义，可减少线性结构形式，增加信息内涵。此外，对称象似性描述了词块及学术规范的线性文化适应性。这些详细的描述将为我国英语学习者提高英语读写能力提供可行的、潜在的适应本土文化的途径。

1. 结构象似性

结构象似性涉及语言形式与概念复杂性之间的对应关系。语言形式与语言概念之间存在一定的相关性，目标语线性排列呈现小句缩减特征，小句常被缩减至名词性词块、介词词块、分词词块。对语言表征形式的认识和识别能够提高我国英语学习者在二语写作中的文化适应性，并能使其掌握目标语语言规范。

2. 数量象似性

数量象似性在模仿目标语线性学术规范方面起着重要作用。在这种符号关系中，信息的紧凑性表征为抽象名词或名词词块的简约式。这些派生名词诸项词块在学术及专业文本中非常常见（Alderson, 2007；Biber, et al., 1999）。一般来说，带形容词的名词短语在学术语篇中起着非常重要的作用。学术语篇一般使用这类表达，如an important project，而较少使用另一类表达，如this project is important（Hinkel, 2013）。语言线性简约形式常使用现在/过去分词短语，或介词短语等，如例1至例4所示。

［例1］　a. the viewpoint *that favors* a return to the previous state

b. the viewpoint *favoring* a return to the previous state

c. the viewpoint *in favor of* a return to the previous state

［例2］　a. Lots of proverbs come from these classics, *most of which are* brief but meaningful.

b. Lots of proverbs come *from these brief but meaningful* classics.

［例3］　a. Actually "culture" is among the most frequently used concept *that* has so fully penetrated every aspect of life.

b. Actually, "culture" is among the most frequently used concept so fully *penetrating* every aspect of life.

［例4］　a. How a person masters his fate depends on his values for the society, world and people *that* can be appreciated from the classics.

b. How a person masters his fate depends on his values for the society, world and people *appreciated* from the classics.

在例1至例4中，信息紧凑的语言简约形式表现为数量象似性。其中，句子b或c是句子a的修改版，是句子a删减了that/which从句的结果。例

1、例3和例4中的句子b把其相关从句结构简化为分词短语结构。例1中的句子c和例2中的句子b是简化而成了介词短语。从句简化为语块的线性结构是履行目标语学术语篇规范的一种途径。总之，词汇结构有助于实现语言信息的紧凑性，减少我国英语学习者在英语写作中的信息或结构的松散性。

一大块信息将被转换为一大块语码（Givón, 1994）。从数量象似性看，语言形式的数量与其内容的复杂性是一致的。换言之，语言的复杂性对应内容概念的复杂性。数量象似性在语篇中体现在不同层面，在句子层面，更多的信息常与较长的线性结构相关联，尤其是系列词块结构；在修辞层面则涉及下列象似关系：重复（repetition）、添加（addition）及平行结构（paralleled constructions），见例5和例6。

［例5］ *Children in famine, victims tortured by oppressors, helpless old people* a hated burden to their sons, and the whole world of *loneliness*, *poverty*, and *pain* make a mockery of what human life should be. (*Three Passions*)

［例6］ Histories *make men wise*; poets, *witty*; the mathematics, *subtitle*; natural philosophy, *deep*; moral, *grave*; logic and rhetoric, able to contend. (*Of Studies*, Bacon)

例5中的三个并行主语有助于澄清、加强主语及句子，并在很大程度上扩展了它们的意义。例6中，Bacon同时运用多个宾语来论证阅读的益处及其丰硕成果。这类语块结构简洁、意义深刻，效果有说服力，备受演说者和政治家的青睐。语言的复杂性也可以刺激我国英语学习者的写作实践，进而提升他们的二语写作水平，帮助他们由“菜鸟”写作者变成有经验的写作者。

3. 对称象似性

对称象似性是指在概念上具有同等重要性和并列关系的信息在表达上具有对称性。并列成分在多种语言中都如此（赵艳芳，2001：161）。相似或相等的语言形式可以传递相似或相等的意义或思想，同样，对称形式也可以表达相似或相近的意义或思想。平行结构与相似思维之间的相似性将促成英语写作中的语篇连贯。对称象似性是通过不同的语言层次来实现的，如单词、词块、子句甚至段落上的平行性。

如例7至例9中的平行结构，给读者提供了丰富的信息及详细的情景，有助于将句子所表达的内容提升到一个相对的高度。

［例7］ *Labor*, *management*, *owners*, and *buyers* in a corporation are no longer confined to a single society. *The laborers in Hong Kong*, *the owners in New York*, *the managers in both Hong Kong* and *New York*, and *the customers in Africa* all make up the modern corporate world.

［例8］ Around the world, as many as one in every three women has been *beaten, coerced into sex, or abused in some other way*—most often by someone.

［例9］ ... a government *of the people*, *by the people* and *for the people*, has not perished from the earth.

几乎在所有的学术散文中都可以发现大量的平行结构，这一现象已被研究者或老师们所关注、分析及实践（Hinkel, 2004: 40）。对称象似性的平行结构呈现为各种形式的词串，如w、x、y、z的名词词块（例7中的labor、management、owners、buyers）；如www、xxx、yyy、zzz 词串（例7至例9中的"The laborers in Hong Kong, the owners in New York, the managers in both Hong Kong and New York, and the customers in Africa""beaten, coerced into sex, or abused in some other way""of the people, by the people and for the people"）。例7至例9中的语言结构传递着复杂概念的平行关系。借助互文性对这些名词组合的语言资源进行大量的引用和接触，有助于提高我国英语学习者在二语表达中的信息紧凑性、增加其语言色彩及提高其写作能力。

（四）西方语篇学术规范的象似性

1. 思维的直接性与表达的线性序列

思维有起点，有连续性，句子的成分也是如此。句子中的话题是思维的起点，话题的象似性可促进学术语篇话题的一致性，如信息链"Old ⇒ New ⇒ Old ⇒ New..."的排列。前文提到过，违反该信息链，就会导致句子不连贯；遵循该信息链，句子就会流畅连贯。

思维的信息流动，从第一句话直至最后一句，皆是以直线的形式展开的（Kaplan, 1966）。这种信息排列顺序是西方学术著作严格遵守的，任何违反行为都会导致衔接水平过低，甚至缺乏连贯性，就像我国英语学习者的英语作文一样，如例10所示。

［例10］*A coordinated approach* should be incorporated into this issue and *we* should spare no effort to achieve a combination of the past and future. (NAEW)

例10中的信息序列，从*coordinated approach*到*we*，是按照从新知到已知的顺序排列的。可以说，我国英语写作者在英语写作中，一般不遵守从已知到新知的序列，违反英语写作规范的情况处处可见。对象似关系的了解与认知可以使我国英语学习者顺利习得西方写作规范，提升文化适应性。

2. 话题象似性与文本一致性

（1）话题一致与语篇连贯

句子话题模仿思维的出发点，呈现为书面交际的话题。学术写作中的句子排列通常为线性结构："主位+述位"或"已知+新知"。因此，写作教学要求我国英语学习者在英语书面语中遵守目标语的线性规范，以近义词的形式扩展话题，保持话题的一致性，如people、change、problem的近义词如下。

people: adults、teenagers、adolescents、clerks、employees of local business、individuals、persons、population、the public、residents、community group、members、workers。

change: evolve、expand、develop、transform、modify、alter、advance。

problem: issue、challenge、difficulty。

使用近义词或语义场是提高我国英语学习者英语写作水平的有效方法，其中，语义场可以保持话题一致性，保持全文统一性。

（2）话题一致与语篇衔接

在语义领域，整体—部分关系的相关词语可保持全文话题的一致性，避免写作跑题(卢卫中、路云，2006)。关键词的语义场与人的整体思维具有一定的相似性，不仅能体现语篇的连贯性，还能提高语篇的衔接性，如例11所示。

［例11］ Traveling from work provides no relief from the *noisiness of the office*. The ordinary sounds of *blaring taxi horns* and *rumbling buses* are occasionally punctuated by the *ear-piercing screech* of car brakes. (Langan, 2014: 152)

例11保持了语篇的衔接性，其衔接措施是采用同一语义场的词汇，如the ordinary sounds语义场的下义词等。其中，blaring taxi horns、rumbling buses、ear-piercing screech构成作者在生活中所经历的噪声语义场。因此，噪声和声音语义场使语篇话题保持一致，衔接自然。

（五）西方学术规范的象似性：体裁象似性

前文在内文部分从数量及对称象似性的角度分析了词法及句法的学术规范；在文本部分从顺序象似性及主题象似性阐述了文本的一致性、连贯性及衔接性。一般来说，这些象似关系构建了正式的、学术的及书面的交际表达方式。本小节将通过对象似性的研究为提升我国英语学习者的学术语域意识提供借鉴与例证。

学术语域象似性指规范与语篇的相关性，即规范正式则语篇正式。语言形式模仿思维概念（Haiman, 1985b；Givón, 1989, 1990）。象似性的功能作用于学术句法与学术规范，也作用于学术语域（沈家煊，1993）。语言表达方式在语篇诸层面与其文体相一致，如词汇、小句、段落及语篇。体裁的象似性及语言规范是提高我国英语学习者英语作文正式程度的可靠手段。老师需要“让学生了解不同体裁的多种语言表征”“尽量让他们的学术写作不带个人色彩”（Hyland, 2006: 48；Biber, 1988: 135）。语域象似性可以通过教学来强化，教学手段是互文策略，模仿目标语语篇规范，直至在我国英语学习者的英语作文中实现对目标语者思维的内在化及挪用。

学术语域中的信息密度类似于复杂象似性。学术语篇中的“信息高密度”凸显为词汇束特征，即“频繁使用名词、派生词、定语形容词及介词短语”（Hyland, 2006: 60）。词汇密度高与语块表征相关，表征数量象似性。首先，介词可以使写作语言正式化。其次，以词块形式为主的平行结构具有强大的修辞功能，在历史、社会学、科学、工程、文学或市场营销等领域被世界各国的公文语言所广泛使用，也是诸多知名人士所青睐的，如亚伯拉罕·林肯、马丁·路德·金、孙中山以及巴拉克·奥巴马等。

在语域象似性方面，名词化使用频率与学术文体具有一定的象似性。“正式的书面语言通常带有非个人风格，即说话者不直接提及自己或读者，要避免I、you、we等代词的使用。非人称语言的一些共同特征主要是被动语态、以it开头的句子及抽象名词”（Leech and Svartvik, 1974: 25）。第一人称代词在个人叙述和小说中很常见，但在学术语篇中相对较少；第二人称代词在英美学术语篇中尤为罕见（Hinkel, 2004: 138）。在学术写作中表客观的it分裂式结构非常普遍，如“it is reasonable to conclude that...”（Hinkel, 2004: 193）。非人称结构与学术文体的抽象性及客观性相对应，表征诸类“名词化，如以“-ion”“-ity”“-ness”“-ment”结尾的名词、动名词及各类抽象名词”（Hinkel, 2013: 10）。相对而言，名词在学术文体中的应用要比在其他文体中更常见，如以下名词：approach、event、manner、subject、aspect、experience、method、system、category、facet、phase、task、challenge、fact、problem、tendency、change、factor、process、topic、characteristic、feature、purpose、trend、circumstance、form、reason、type、class、issue、result、difficulty、item、stage（Halliday and Hasan, 1976: 121）。“这些名词的使用可提升学术语篇的衔接性，也可扩大词汇替代的范围，用具体名词替代抽象名词，如approach—method、subject—topic、problem—difficulty、tendency—trend”（Hinkel, 2004: 284）。一般情况下，这种方法有助于提高我国英语学习者英语写作的学术词汇量。这些正式名词可以使写作客观化，而一些二语写作中的高频非正式名词则会使写作非正式化，尤其是具有主观性或互动性的名词，如person、time、wisdom、thing、life。在真实教学中将我国英语学习者的写作与目标语者语篇进行对比、模仿及内化，可以帮助我国英语学习者实现从使用非正式名词到正式名词之转变，我国英语学习者英语写作的正式化就会增强。

相比之下，NAEW语料库中的英语写作及语言规范不同于目标语中的语篇及语言规范，它表现出一种非正式文体特征，包括第二人称代词、直接疑问句、现在时动词等。学生对目标语中学术语域规范的学习，需要通过大量接触目标语的学术类语篇，增加客观性，减少主观性，避免使用第一人称代词“我”，多用被动语态等。这一从非正式到正式表达的转变，通常是借助目标语的互文资源，通过思维挪用实现的。“普遍存在的互文性为教育工作者提供了启发性的指导方法，可用于分析课堂对话、阅读过程、写作过程、教学实践和评估实践”（Bloome and Goldman, 2015）。因此，互文性在教学中表现出其独特的价值和意义。“语篇规范的汇合”可应用到写作课程中，以建构新文本并进行读写练习（Fairclough, 1992a: 104）。因此，互文性在实际教学中可广泛应用，它是提高我国大学生二语学术素养的有效工具。

（六）文化适应性：象似性对二语学生的影响

写作被视为一种文化活动（Hyland, 2008: 182），象似关系根植于文化之中，而文化在很大程度上又塑造着语言形式。思维模式与词序之间存在明显的象似性，单词或句子的线性顺序与现实世界中的事件顺序及其相关文化相对应。思维被认为是语言的生成机制，不同的语言表征不同的思维模式，如图3–2所示。由于中国文化及其思维模式的特点，我国英语学习者的作文经常出现离题及缺乏连贯性等现象（Kaplan, 1966）。因此，文化象似性及客观象似性可进一步提高学生对目标语的文化适应能力。

1. 客观思维与表达的客观性

概念结构与语言结构的象似性是通过客观思维方式在目标语学术规范挪用中构建的（Kaplan, 1966: 21）。中西文化呈现不同的思维模式，如间接思维模式与线性思维模式，如图3–2所示。基于不同象似性概念的不同的思维模式，触发不同的话题及其安排，如例12和例13所示。

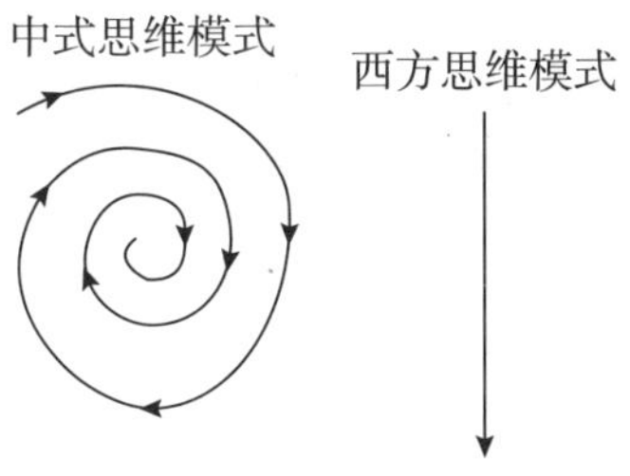

图3–2　中西思维模式对照

［例12］ Also, *television* widens our knowledge by covering important events and current news. *Viewers* can see and hear presidents' speeches, state funerals, natural disasters, and election results as they are happening. Finally, with a phone line and a special terminal, *television* allows any member of the family to access and learn from all the information resources on the Internet. (Langan, 2014: 143)

［例13］ With the rapid development of society and economy, *great* changes have taken place in our mindsets recently. Based on the controversial issue whether *we should* take a new look at the classics, furious debate has broken out at current times. Just as a saying goes, the power of the classics is *great*, making it take roots on our mind, and then surviving in the test of time. Nevertheless, the respect *we* have for them is more than the time they have existed, but the knowledge, capable of irrigating the fields in our hearts *permanently*. *As far as I am concerned*, the classics will not only have *our* vision widened, horizons broadened and mind cleared, but also help *us* acquire knowledge and skills of the past, the present together with the future . (NAEW)

如例12所示，英语表征西方文化及西方思维方式，无论是从客观性还是从第三人称代词来说，皆以客观事物为交际的出发点，如television、viewers等名词的使用。相反，我们的大学生具有我国的文化背景，常用man/people作为交际的出发点，带有一定程度的感情色彩，如例13中的great、should、as far as I am concerned、permanently等。

间接的汉语思维与二语措辞之间呈现象似性，概括为“不直接触及主题，而是绕着主题转来转去”（Kaplan, 1966: 22）。由于思维的间接性，我国英语学习者无论在选择名词还是在选择主语时都习惯把人放在首位，如第三人称people、persons等作主语，第一、二人称I、you作主语。这会使“目标语读者感到尴尬，他们认为这类间接性是多余的”（Kaplan, 1966: 17）。在这种情况下，我国英语学习者用英语写文章时，就好像在与其头脑中的读者用英语进行日常对话。

2. 客观思维与措辞温和

二语写作要迎合目标语的思维及文化模式。对于西方人来说，学术论文是以事实为导向的，涉及事实的解释，措辞温和。客观思维方式揭示了目标语学术写作语篇中的缓和语气。在西方客观思想的导向下，英美正式书面文本大量使用模糊限制语，以突出“诚实、谦虚、适度谨慎”的总体目标及外交策略（Swales, 1990: 174）。目标语写作要避免使用情绪化的词语，如

should、must、have to、never、always、exciting、terrible、magnificent、virtually等动词、副词和形容词。我国英语学习者的英语议论文以直率、高调的语言为特征，体现了主观内涵，比如we should、must、have to/ought to、let's等表达在全文的最后一段尤为明显，如例14所示。

［例14］ First of all, we need to gain a rational insight into classics, making *full use* of it and avoiding being misled by it. In addition, we *should never* slow down the pace to explore this world. *Only* with curiosity, intelligence and courage can we make *remarkable* achievements. *Last but not least*, there is *no doubt* that we *should* keep in mind that the past and the future can *virtually* be blended into a *magnificent* symphony!

例14使用了强势情态动词should；亦使用了常识类限制语，如first of all、last but not least；还过度使用了加强词，如full、never、only、remarkable、no doubt、virtually、magnificent。换言之，我国英语学习者在英语写作中经常过度使用强势表达，如completely、extremely、strongly、totally等；亦过度使用常识类限制语，如(as) we all know、as the saying goes、as far as we/I know、(as) everyone/people/they say(s)、as you/everyone/the reader know(s)等。NAEW语料库中常见的加强词及加强词词块如表3-2所示。

表3-2 NAEW语料库中常见的加强词及加强词词块

Emph-words	Frequency	Ratios	Emph- chunks	Frequency	Ratios
really	22109	7.9‰	more and more	21056	40.5‰
especially	18440	6.6‰	most important	7860	15.1‰
deeply	9410	3.4‰	very important	6099	11.7‰
widely	8869	3.2‰	so many	5134	0.9‰
increasingly	8674	3.1‰	more important	3713	7.1‰
carefully	8334	3.0‰	most valuable	3548	6.8‰
completely	7124	2.6‰	too impetuous	3533	6.8‰
correctly	7027	2.5‰	necessary for us	3367	6.5‰
fully	6868	2.5‰	more strange	2957	5.4‰
actually	6450	2.3‰			

语言是由我们对世界的体验以及我们对世界的认知和概念所塑造的。主观的思维方式是与加强性的语言描述相对应的，呈现强势的语言表征；客观的思维方式则是与弱化的语言描述相对应的，呈现温雅的语言表征。

根据表3-2，我国英语学习者在我国文化语境影响下频繁使用加强词及情感词，忽略了模糊限制语的使用。模糊限制语在西方学术语篇中必不可少，频繁应用于商业、经济学及医学等领域的学术语篇（Johns, 1997）。模糊限制语或限制修饰语的使用已是学术著作的惯例，副词性模糊限制语在学术写作中尤为常见，但在我国英语学习者的英语写作中却异常匮乏，其实这类模糊限制语很普遍，如probably、perhaps、possibly、in (this/that) case、partially、potentially、somewhat/how、slightly、theoretically等。模糊限制语在英语学术语篇中占有重要地位，添加适当的模糊限制语有助于避免加强词词块的使用，比如添加数量词可以限制名词的范围；添加频率副词可限制动词的范围（Hinkel, 2004: 313, 332）。由此可见，我国英语学习者在用英语写作时需要多使用模糊限制语。

（七）启示与结论

如上所述，象似性被认为是一种潜在的、可行的及实用的中介语写作指导方法，可以通过让学生不断接触、及时对比与模仿目标语文章资源等互文手段，使我国英语学习者的二语写作接近目标语规范。对象似性关系的探讨可以提升老师在英语写作教学中的体裁顺应意识。

结构象似性在英语正式写作中的功能如表3-3所示。本部分主要讨论了象似性关系的子范畴、一个最终结果（目标语的文化适应）及一种可能的实现方式（象似性）。此外，我们还对体裁象似性及客观象似性进行了新的研究。

表3-3 Structural Iconicity Functions in Nativelikeness of EFL Formal Writings

（结构象似性在英语正式写作中的功能）

functions categories	linguistic structures	markedness contexts	conceptual organizations	nativelikeness acculturation
quantity iconicity	lexical trunks	academic conventions	densely informed	
symmetric iconicity	paralleled structure	complex concepts	literary grace	

续表

functions categories	linguistic structures	markedness contexts	conceptual organizations	nativelikeness acculturation
sequence iconicity	densely-packed sentences	compactness and preciseness	information natural flow	intertextuality ↓ in-textual
topic iconicity	text consistency	semantic-field of theme	coherence wholeness	+
topic iconicity	topic cohesion	linear arrangement	smoothness, text cohesion	textual
academic genre iconicity	lexical density, nominal style, impersonation	genre conventions	text formality	+
objective iconicity	inanimate subjects	proper topics	objective thinking	inter-textual ↑ intertextuality
objective iconicity	hedges, mild wording	mild wording	objective thinking	

在数量象似性方面，概念的复杂性与形式的复杂性相对应，同时也与目标语语言的规约性相对应；对称象似性表征为平行结构，有助于提升信息密度及增加语篇文采；在顺序象似性方面，事件的顺序模仿思维的顺序，有助于保证信息的自然流动及线性排列的顺畅；话题象似性有助于保证语篇的一致性、连贯性及衔接性；在学术体裁象似性方面，学术写作体裁与正式文本的规约存在一定的相似性，有助于提升我国英语学习者的书面语篇的正式程度；客观象似性可激发、培养英语写作中的温和措辞及客观表达等。英语教学中的象似性教学模式得到了有益的发展，对我国英语学习者目标语学术语篇的学术规范有意识地进行了培养。另外，文化适应是英语专业写作中最重要的接近目标语的方式之一。互文性及互文关系的学习可以促进我国英语学习者对西方语言规范资源的转变，并将其应用在实际写作中，从而培养学生的读写能力。

三、英语写作教学思辨能力培养模式探讨

（一）背景

思辨能力培养是英语学习者的核心目标，“现在英语专业的各种课程里，

思辨含量是很低的”，因此，很多学校正在进行英语专业教学改革，并把培养思辨能力看作最高目标。“写作是培养学生思辨能力的最有效的课程之一”，但是写作技能培养“怎么和思辨能力培养结合……如何在教学中有机融入思辨能力训练，如何创造一个有利于学生思辨能力发展的学习环境……”（李莉文，2011b：9）值得思考，“在基础英语写作里需要思辨能力，结合content course做各种写作训练，也需要培养思辨能力”（王立非，2007）。英语写作教学的目的不是知识训练，而是思辨思维培养。本部分拟探讨英语写作教学中思辨能力的培养模式。

（二）思辨能力

思辨思维研究学者Facione认为，思辨思维是“有目的地对产生知识的过程、理论、方法、背景、证据和评价知识的标准等正确与否，做出自我调节性判断的思维过程”（谢登攀，2011：47），思辨能力层级理论模型把思辨能力分为自我调控与对外调控两方面，“自我调控旨在帮助学生对自己的习作进行评价，对外调控则是指导学生对他人的习作进行评价”（谢登攀，2011：66），“思辨能力的内涵一般涉及分析、综合、判断、推理和评价能力”（李莉文，2011b），对于基础英语写作来说，思辨能力的内涵大致体现在词句思辨能力、语篇思辨能力和逻辑思辨能力三个层面。“如何把思辨能力的培养有效融入英语专业的核心技能课程之一——英语写作课程之中，是当前英语专业教学改革的重要课题之一”（李莉文，2011b）。基础英语写作课既要帮学生打好语言基本功，又要帮学生提升思辨能力和创新能力，怎么改革？又怎么融合呢？ 本书提出英语写作教学中的循环式整体认知观模式，旨在将思辨能力培养和英语写作技能培养融为一体，提升学生的思辨能力，探索英语写作教学改革之路。

（三）循环式整体认知观与英语写作教学

1. 循环式整体认知观的理论基础

循环式整体认知观有一定的理论基础，即体验哲学、格式塔心理学和体验学习理论。人类认知是一种完形认知，其思维过程具有整体性，服从于整体的知觉或规律，并非依附于若干独立的元素，体验哲学、格式塔心理学和体验学习理论都主张认知的整体性，强调对认知过程进行综合性研究。

体验哲学的主要观点之一是：人的概念结构和认知模式具有完形特点——学习和记忆过程依靠完形结构，而不只是符号的机械运算。

格式塔心理学强调整体性，主张部分相加不等于整体，一个事物的性质不决定于任何一个部分，而依赖于整体性，感觉并不是各种感觉要素的复合，知觉并不是先感知各种成分再注意到整体，而是先感知到整体的现象，而后才注意到构成整体的诸成分。格式塔的整体性要求英语写作教学进行“知与行”的融合与统一，使学习者在理论学习的同时能够在写作实践中身体力行。

“体验学习理论给学习者提供了全息整合视角，将体验、感知、认知和行为整合为一体”（Kolb, 1984: 21）。学习是指人适应世界的整体过程，学习是思想、感觉、感知和行为之功能的有机融合体（Kolb，1984: 15）。“体验式学习的研究者非常重视所谓的学习循环（learning cycle）”（程琪龙，2009）。思维过程是整体认知的结果，其思维体现循环式整体认知的特征。

整体性认知观给写作教学的启示是，英语写作教学要以整体为主线进行理论阐释和课堂实践，不仅要从整体看部分，更需要从部分看整体。写作教学不能止于对词、句的语法分析，更重要的是要上升到英语、汉语文化思维整体的层面。

2. 循环式整体认知观视角下的英语写作教学

整体认知观给我们提供了全面地看待英语写作教学的视角，承认语言整体概念中各成分间的相互作用和影响，这不仅需要横向观察同一级别各类语言成分，也要纵向观察上下层的概念，既要看语言上层的概念与文化，又要看语言下层的概念和认知。整体认知观视角下，“语言层与认知和文化层之间有相互作用和影响”，“语言结构里压缩了文化视角”（钱冠连，2002: 122，224）。首先，语言思维能力是多因素认知与文化的接口，而写作能力凸显了完形认知的特征，包括文化完形和认知完形，语言现象的透视不仅需要关联认知视角，也要关联文化模式；其次，英语写作是母语与目标语的接口，英语写作的目的是向目标语靠近，要排除一切文化因素干扰，逐渐减小母语文化影响；最后，整体认知观下的英语写作教学是语言理论与写作实践的统一体，既要贯通语言学各学科的理论知识，也要与写作实践有机融合，理论与实践是循环往复的。

（四）循环式整体认知模式教学实践

英语写作教学实践是循环式整体认知模式的再现。语言、认知思维与文化模式这一整体循环往复，循环学习的步骤可以参考考尔博（Kolb, 1984）四阶段模式——体验、思考、抽象和实验。本部分提出英语写作课“五步骤循环式”整体模式——理论、写作、思考、调整、再写作，这一整体循环认知步骤是动态的、开放的，随学习阶段的变化而变化，根据学生需求的变化而调整。不论有几个阶段、几次循环，每一阶段、每一循环都贯穿“语言—认知—文化”这一整体，从用词、用语、篇章思维与文化模式中折射逻辑思维、反思句式与词语的选择。在不同阶段，学习者扮演着不同角色，如在写作理论体验阶段，学习者是学习者和实践者；在交流阶段，学习者是演示者、读者、老师、评价者、鉴赏者；在写作教程与内容阶段，学习者是启示者，是写作范文的供稿者。循环式整体认知模式注重课内外理论与实践的高度融合。老师不会进行抽象的理论说教，而是把理论和思维方式融于习作语篇的各个层面，从文化模式和思维方式上提示学生修改句子语病的思路。对于英语写作句子结构常见错误类型之一的“dangling modifiers”，如“*Taking the exam, the room was so stuffy that Keisha almost fainted.*”，一般老师会指出其语病类型——悬垂修饰语，并指出其修改方法。使用循环式整体认知模式的老师则会剖析其语病原因——汉语文化痕迹，并从思维方式上提供修改方法，而不是让学生在朦胧的逻辑结构中辨别中西文化的异同，得出自己的判断，调整并修改自己的习作。循环式整体认知模式在写作教学中的实践是由师生双方共同实现的。

1. 老师实践

整体认知视角下的英语写作教学要求老师以整体为核心，把握不同的参照点，如词、句写作要以语篇为参照点，语篇写作以逻辑为参照点，逻辑以文化为参照点；把握不同阶段的侧重点，如句子写作阶段的侧重点在口语、书面语的语体辨别，中式英语句式与本族语英语句式的区别，词语、句式表达的层次等。不同语体的语篇侧重点也不同：记叙文注重提升学生的选材能力，优化语篇的逻辑结构；描写文注重提升学生的修辞表达能力；说明文注重提升学生的客观表达能力、论文写作思维能力；议论文注重提升学生表达的地道性与培养学生严格的逻辑思辨能力等。整体认知视角下的英语写作教学还侧重使用循环式的教学理念，在每一阶段螺旋提升学生英语表达能力和逻辑思维能力，培养学生的读者意识。

（1）开发网络课堂

整体认知视角把英语写作的课内课外视为一个有机整体，课内学习与课外辅助相辅相成。这就要求拓展课堂空间，把英语写作课从课内扩展到课外，从有形的课堂空间延伸到无形的课外网络空间。可以创建学生写作的公共邮箱，以公共邮箱为基地，建立学生的作文库和范文库，以便学生随时阅读、模仿、参考等。

例如，学生们的描写文可看作范文，在描写文写作结束后，老师要在课堂上展示每位同学的作文，同时可以给出一般评价描写文的要点、以往的优秀描写文范例等，以激发学生思考，引导学生体验和探索写作的思维和方法，让学生通过评价他人的作文来反思自己。

（2）丰富阅读语篇

“文坛那些妙笔生花的作家，个个都是读出来的，没有大量阅读写不出那样的好文章”（黄源深，2006a）。拓展范文阅读的范围，为学生提供新颖的、跨学科的好文章，如知名作家的经典语篇、当代西方期刊语篇、学生佳作等，“只有这样才能给学习者提供丰富的思想资源，以利于思辨能力的培养”（谢登攀，2011）。英语写作课提倡使用动态的、开放式的教学大纲，在教学过程中根据学生需求不断修改和补充，以满足学生在知识、智力、情感、个性等方面的需求。老师应与学生协商教学内容，使学生有权利选择适合自己的学习资料；完善教学语言体系，选材应来自不同的语域，能够反映当下社会问题；宽容地看待学生习作中存在的问题，适时表扬学生，扩大表扬面，直至惠及全班学生；帮学生找到自信，激发其写作动机，使其积极参与课堂活动。

（3）师生一对一面谈

师生一对一面谈是美国大学培养学生思辨能力的一种教学方法，是苏格拉底式提问法的实践再现。我们可以借鉴这种做法，将其应用到英语写作教学中，以期解决不同个案的不同问题，从语词、语句到语篇、逻辑再到文化模式，老师应指出学生习作的关键问题，让他们自我反思，并找出修改习作的方法。实践证明这种方法非常有效，参加面谈的学生一致认为，与老师的面谈让他们受益良多。一对一面谈既提高了学生的写作水平，促使学生习作发生了质变，又提升了学生的整体性语篇认知能力——评价自己和鉴赏他人的能力。师生一对一面谈对提升学生的思维能力很有帮助。

2. 学生实践

整体认知模式课程的另一特色是学生多角色化。在课堂学习中，学生不再仅仅是学习者，更是本人作品的批改者和鉴赏者。实践证明，学生本人批改自己作文是一项有效的举措，其功效远远大于老师批改。创新评价模式采用学生自评、生生互评和老师评价相结合的评价方式，使学生既能够了解自己与别人的差距，也能够站在读者的角度评价别人的作文，在内省层面将学生导向“自我教育”领域。

让学生投入教学活动中，使其通过身心的体验、观察、认知，从而获得知识，运用知识，培养语言能力。使学生经历从观察、思考、反思到实践的流程，做到在“做中学”，使读与写连续统一。

（1）做课堂演示

每节课前的5～6分钟，让给某个学生，让学生对自己找到的本族语范文进行讲解和评价，从而提高学生的分析能力、评价能力等。演示者体验“学生+学者”角色，听者体验“欣赏者”的角色，这是锻炼学生思辨能力的重要举措之一。

（2）批改自己的习作

让学生批改自己的习作是锻炼学生思辨能力又一重要举措。写作是一门实践课程，这意味着学生要进行习作练习，而老师要对这些习作进行批改。绝大多数老师要亲自批改学生习作，也有的老师用批改软件进行批改，总之，多数老师不愿意将这项任务派给学生。笔者认为，老师可以放心地让学生去做这项工作。例如，学生第一次的习作最好不要收上来，让学生根据更新的写作理论进行反复修改。多次修改后，学生通过分析和判断，掌握作文评判标准，每一次修改都是一次思辨力的提高，同时，学生可以提高应用能力和自我调节性判断能力。这也是学生在体验“学生+学者”的双重角色。反复修改自己的习作对学生写作能力的提高有一定帮助。

（3）写英语日记

“好的作文是‘写’出来的”（黄源深，2006b）。通过写英语日记，学生可以进一步提高用词、句、篇的能力，可以将新学的词语、句式、修辞等在日记中进行练习，使其变为自己的语言能力。写日记并非要学生记录每日的生活，其实际用意在于为学生提供实践场合，使其通过实践提高语言思辨能力。在日记中，学生可以针对某一具体问题，如用词、用句等，进行实践和练习，也可以模仿某一佳作的某一片段。至于写英语日记对学生写作的帮助，已得到学习者的认可。

（4）积极参与写作课堂活动和初级英语写作课程

让学生有收获的活动很多，课内的活动如课堂演示、批改自己的习作；课外的活动如写英语日记等。但是，哪类活动更适合学生呢？他们在哪类活动中受益呢？笔者进行了问卷调查，收获最大的写作课堂活动问卷调查结果如图3–3所示，初级英语写作课程对学生的帮助问卷调查结果如图3–4所示。问卷调查的结果显示，让学生感觉收获最大的写作课堂活动是评判同学的作文与老师点评范文，其次是评判本族语范文和限时写作。

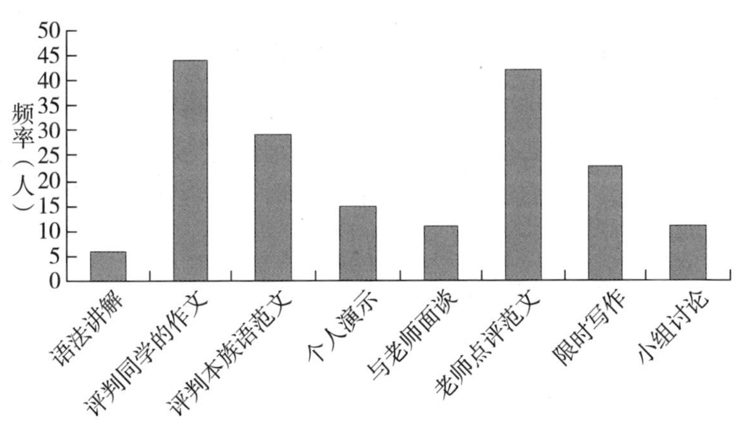

图3–3　收获最大的写作课堂活动问卷调查结果

学生积极参与初级英语写作课程对其有帮助的方面不止一项，而是多项，如逻辑思维、语言表达、写作规范、词汇复杂度和语言流利度等。其中，学生认为受益最多的方面是逻辑思维和写作规范。

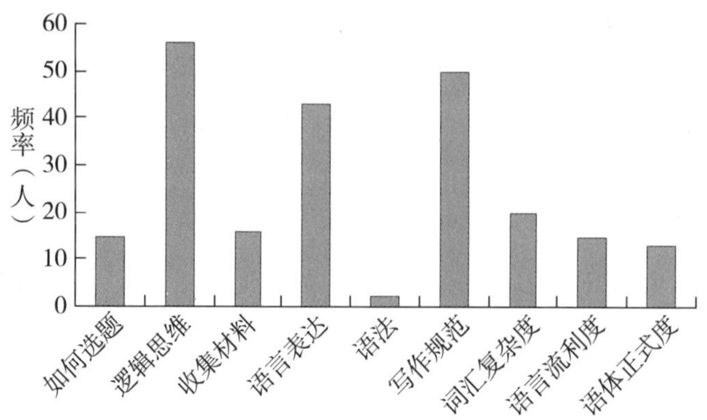

图3-4　初级英语写作课程对学生的帮助问卷调查结果

3. 数据分析评价

学生英语写作能力有了很大提高，一些习作胜过网络上的许多范文。2012年10月，在一年一度的“院长奖学金校级写作大赛”中，一等奖的获得者是英文专业2011级的一名学生；在同年12月举行的“外国语学院年度艺术节校级写作大赛”中，一、二、三等奖获得者共有六名学生，其中三名学生来自英文专业2011级，两名学生来自英文专业2009级，一名学生来自法学院，当时2011级学生学习英语写作课程仅两个半月。调查数据显示，初级英语写作课的教学可以使大多数学生把英语本族语者的思维规范内化为他们的写作能力；可以使他们把写作理论融入其写作实践；学生都认为他们的英语写作水平有一定的提高，这说明写作课程教学对学生思辨能力的培养已呈现显著性。

（1）学生思辨能力问卷调查

“无论是什么课程，无论采用何种形式授课，检验一门课程成功与否最重要的标准应该是看它是否有效提高了学生的思辨能力”（李莉文，2011b：10），“我的思辨能力”调查显示，学生均认为自己的思辨能力有提高。大家一致表示，基础英语写作教学的重心放在了“思维能力培养”上；绝大多数同学认为“思维能力培养”具有一定的重要性。

思辨能力提高的方面主要有以下几个：绝大多数学生能够对自己的习作进行评价，也能够对他人的习作进行评价；绝大多数学生认为自己的思辨能力有一定提高；绝大多数学生认同初级英语写作课程的学习提高了他们对文章的鉴赏力；学生都认为初级英语写作课程的学习提高了他们的英语表达能力。

（2）思辨能力各层面数据描述

思辨能力统计如表3–4所示，数值1表示“不认同”，数值2表示“不太认同”或“提高、转换不大”，数值3表示“一般认同”或“有一定提高、转换”，数值4表示“比较认同”或“提高很大”，数值5表示“认同”。结果表明，思辨能力培养是写作教学比较稳定的状态，学生大多已具备思辨能力。大部分学生认为自己的思辨能力有提高，从均值一栏可看出，学生普遍认为写作教学提升了自己的思辨能力，如“使我转换了母语思维”“提高了我对语体的辨别能力”等。

表 3–4 思辨能力统计

	N	极小值	极大值	均值	标准差	t值	P值
我能够把写作技巧内化为我的写作能力	87	2	5	3.50	1.291	5.422	0.012
我能够把写作理论融入我的写作实践之中	88	2	4	3.50	1.291	5.422	0.012
能够对自己的习作进行评价	88	1	5	3.00	1.581	4.243	0.013
能够对他人的习作进行评价	86	2	5	3.5	1.581	5.422	0.012
使我转换了母语思维	88	2	4	3.00	1.000	5.196	0.035
提高了我对文章的鉴赏能力	88	1	5	3.00	1.000	4.243	0.013
提高了我对语体的辨别能力	88	2		3.00	1.000	5.196	0.035
我认为初级英语写作课的学习，提高了我的英语表达能力	88	1	3	3.00	1.000	5.196	0.035

注：N是数量（number），t值与P值是统计常用单位。

经统计，学生思辨能力已达到统计学上的显著性，$P < 0.05$，这说明思辨能力培养在写作教学中存在显著性特征。

(3)思辨能力培养存在的问题

通过一年的英语写作学习，学生基本掌握了一定的写作技巧：当论及其他写作困难时，多数能够指出自身词汇能力的欠缺，如“用词单一、灵活性差”“词汇不够丰富”“语言欠优美”“词汇、高级词汇和句型缺乏自然使用”等。

写作中的主要困难，如反驳对方观点、判断例证的可靠性、找到文章的中心及谋篇布局等问题已经超出语言认知范围，属于元认知层面。这一层面是要帮助学生发展写作的元认知能力，使他们充分认知自己的写作过程，培养他们对写作过程、写作策略和写作目标的自我意识，完成从“知识直叙者”到“知识转述者”的转变(Bereiter and Scardamalia, 1987: 359)，总之，学生对写作过程的监控和评估等元认知层面的能力还有待进一步提高。

(五)结语

循环式整体认知模式在英语写作教学中具有较高的效率和较强的适应性。老师在面批学生习作后，让学生体验语篇各层面，并进行改写，再反馈给老师。这一模式能够在较短的时间内提升学生的书面语能力，他们皆表示“提高太大了”，或“太有帮助了……”。

提升学生分析问题的能力、逻辑思维能力、谋篇布局能力、语言表达能力及认知能力，是本书的研究重点；关于学生元认知能力的培养，帮助学生反思其学习活动，发展其元认知意识，提高其元认知能力，本研究在这些方面有待进一步深入。

四、认知转喻视域下的二语写作教学研究

(一)引言

写作教学涉及词、句、篇等语言学知识及理论，亦涉及逻辑思维等认知推理视角。可见，语言学理论在二语教学中起着非常重要的作用。其中，认知语言学能够给老师提供语言理论的深度及思维向度，是写作教学

必不可少的，应该得到广泛的重视与应用。如何把认知语言学理论运用到外语教学中是外语教育工作者面临的一个相当重要的问题（高远、李福印，2007）。其中，转喻在教学中的应用得到重视，其主要涉及阅读教学（魏在江，2009；李克，2013）、写作教学（孙志农，2007）或词汇教学（李健民，2017）等方面。相关研究者均表示，转喻对语篇的理解及建构有重要的作用，可将其视作二语语篇建构的认知机制。转喻思维的教学应用对本研究有一定启示。但如何在写作教学中培养二语学生的转喻思维？又如何帮助学生将转喻思维运用到书面语建构中？笔者拟建构英语书面语连贯的转喻模式，以提升二语学生的书面语交际能力。

（二）认知转喻理论

转喻常常被视作修辞手段，即用一事物的名称指代与之相关的另一事物。如“他喜欢听贝多芬”，此例中“贝多芬”指贝多芬的音乐作品，即用人名替代其作品。同时，转喻是司空见惯的语言现象，亦常被视为认知方式，即表征在同一理想化认知模型下始源域凸显或激活目标域的认知过程（李勇忠，2005）。认知语言学认为，转喻是指在同一认知域，用易感知、易理解的部分代表整体或以整体代替其他部分（Lakoff and Johnson, 1980: 35–40）。用显著的事物来转喻不显著的事物是一般规律，因为显著的事物是容易吸引人注意的事物，是容易识别、处理和记忆的事物（沈家煊，1999b）。比如，用“须眉”转喻男性，用“巾帼”转喻女性，用grey hair转喻老年人等。换言之，转喻就是用一种事物的凸出特征来认知整个事物或概念，或用这个事物或概念之完形特征来认知其部分。

根据认知语言学的转喻理论研究，我们认为，交际者在语篇识解过程中所进行的认知推理，在很大程度上依赖于人类的转喻认知模式，这种认知模式在语篇建构中起着重要作用。因此，本书以隐喻理论来阐释二语写作教学，以提升我国大学生书面语交际能力。

（三）转喻思维与转喻关系

1. 转喻思维

转喻思维是人通过与客观世界进行长期的相互作用发展来的认知能力

（Lakoff and Johnson, 1980: 37），涉及对概念与概念之间相对固定关系的认知模式，尤其是容器—内容模式，是人通过体验和认知来建构的。转喻思维是人们认识客观世界的一种重要手段，转喻的本质是一种认知参照点现象，转喻的喻体是激活转喻目标的认知参照点，是概念认知机制。寻求认知参照点有助于激活客体的整体框架，有助于思路的拓展并激发转喻思维能力。转喻认知过程发生在同一完形认知域，涉及两邻近概念的替代关系，即以已知映射未知，以熟悉映射生疏，以简单映射复杂，以具体映射抽象。

2. 转喻关系

转喻关系包括两大邻近关系：部分与整体、整体与部分。在部分与整体的关系中，始源域是部分，目标域是整体；在整体与部分的关系中，始源域是整体，目标域是部分。始源域与目标域产生了映射，实现了概念替代关系。

（1）部分转喻整体

在语篇层面，转喻是语篇衔接与连贯的重要认知机制，是深层、隐性的衔接手段。根据邻近关联，我国女子的指称一般以其服饰替代，用服饰激活女子目标域，如青衣、红装、石榴裙等。除了极少数民族有男人穿裙子的习俗外，在大部分情况下裙子是女性专有的服饰，因此，裙子可以用来指代女性。还有一些表示女性化妆品和服饰的词语，因为为女性所专有，所以其隐喻用法已固定下来，如粉黛、巾帼等，如例1和例2所示。

［例1］　大唐贵妃杨玉环回眸一笑，六宫粉黛无颜色。

［例2］　如果王海燕本次挑战成功，这位巾帼将比两位须眉更胜一筹。

这两例皆是以部分转喻整体。例1中“粉黛”的字面义是一种颜料，即搽脸的白粉与画眉的青黑色颜料。“粉黛”的转指是古代王公贵族的女子。例2中，“巾帼”指古代妇女戴的头巾与发饰，转喻女子；“须眉”代指男子。以部分转喻整体现象在二语写作层面，指实例数据的列举，起到充实全文内容、加强全文统一性的作用，如例3所示。

［例3］　Like as diseases of the body may have appropriate exercises. Bowling is good for the stone and reins; shooting for the lungs and breast; gentle walking for the stomach; riding for the head; and the like.

例3取自Bacon的散文*Of Studies*。其中用具体的运动名词如bowling、shooting、gentle walking、riding转喻整体概念exercises；以人体器官指代人，如以stone and reins转喻睾肾病患者，以lungs and breast转喻胸肺病患者，以the stomach转喻肠胃病患者，以the head转喻脑病患者。例3凸显了语篇的内在连贯性，即读者在阅读过程中，不断协调交际过程，完成对作者思路及语篇内容的理解，读者的理解及评价保证了语篇的连贯性。因此，部分与整体的转喻有助于细化语篇内容，是促成语篇达到一致性的连贯机制。

（2）整体转喻部分

转喻是认知构建中的一个过程，呈现邻近性关联特征（Lakoff and Johnson, 1999: 167），一个话题通过邻近关系激活另一话题，转喻为语篇发展提供了语义线路图，是语篇深层连贯手段和语篇发展的重要模式。

在Lakoff和Langacker等人的研究基础上，Gunter Radden和Zoltan Kovecses提出了一个后来被人们广为接受的转喻概念：转喻是在同一认知模式里，一概念实体（始源域）向另一概念实体（目标域）提供心理可及性。他们坚持一种最宽泛的转喻观，认为转喻是一个认知过程，如例4所示。

［例4］　John likes listening to Mozart.

例4句中用Mozart（莫扎特）转指其作品，这是一种转喻用法，是一种典型的指称转喻现象。指称转喻是最常见的转喻类型，它在认知层面上指用一种概念替代另一种概念的语言现象。整体与部分的关系是一种基本的转喻推理关系，这种关系保证了语篇的连贯与衔接。整体转喻部分是二语写作可以借鉴的逻辑思维模式,如例5所示。

［例5］　Gold, a precious metal, is prized for two important characteristics. First of all, gold has a lustrous beauty that is resistant to corrosion. Therefore, it is suitable for jewelry, coins, and ornamental purposes. Gold never needs to be polished and will remain beautiful forever. For example, a Macedonian coin remains as untarnished today as the day it was made twenty three centuries ago. Another important characteristic of gold is its usefulness to industry and science. For many years, it has been used in hundreds of industrial applications. The most recent use of gold is in astronauts' suits. Astronauts wear gold-plated heat shields for protection outside the spaceship. In conclusion, gold is treasured not only for its beauty but also for its utility.

在例5中，整体转喻部分是语篇发展的模式，呈现在主题句与次主题句之间，两者间的转喻关系促成其内容的统一及逻辑衔接。主题句（第一句）表达的主旨依赖于次主题句的补充及细化，如次主题句A："Gold has a lustrous beauty that is resistant to corrosion."；次主题句B："Another important characteristic of gold is its usefulness to industry and science."。概言之，次主题句的设置及应用是逻辑衔接实现的关键。在人类思维和语言表达中，事物的整体与其部分之间往往构成转喻关系，这种关系是实现语篇连贯的重要手段，保证了全文的一致性。主题句与次主题句相结合的模式是语篇实现统一性与连贯性的关键，成为语篇逻辑发展思路的模式。

（四）转喻的连贯类型

转喻选取事物中对人们来说易理解（well-understood）或易感知（easy-to-perceive）的方面代替事物的整体或事物的另一方面（Lakoff, 1987: 77）。转喻是实现语篇衔接与连贯的认知机制。认知转喻是语篇深层连贯的重要手段。转喻的语篇连贯主要呈现显性连贯与隐性连贯两方面。

1. 转喻的显性连贯

语篇的连贯依赖两类衔接手段：语法类，如照应、省略、替代、连接等；词汇类，如重复、同义词、反义词、下义词、局部关系和搭配等。这些手段将语篇的不同成分在意义上进行连贯（Halliday and Hasan, 1985）。这类具有明显衔接手段的连贯可视为显性连贯。许多语篇具有显性连贯的特征，如例6和例7所示。

［例6］ a. My father's face is rough. b. His complexion is leathery and wrinkled.

c. There are large pores in his skin that covers his nose and cheeks. d. His nose, broken twice in his life, makes him look like a boxer who has lost too many fights. e. His mouth, unless he smiles, looks hard and threatening. f. His chin is massive and angular. g. Shaved or not, my father's face is rugged.

这段文字运用了多种转喻，使得语篇前后紧密相连，如整体与部分相照应：第一句中face是整体，后面五句描述了face的各个部分，如complexion、pores、nose、mouth及chin。转喻连贯包含两层含义：语义衔接及逻辑衔接。前者涉及语义场的上下义词，体现在句与句之间，体现的转喻模式为整体与部分的相互指代或部分与整体的相互指代，图式化为整体⟷部分，表征相互指代；后者涉及逻辑⟷结构，表征连贯的串联模式。语义衔接体现在整个段落中，如句子a与句子g的总体阐释，句子b至句子f的详细阐释，下义词的层层展开，使句子a的主题得以阐释，表征连贯的并联模式，保证段落或语篇的语义及逻辑连贯。

[例7] a. Traveling from work provides no relief from the noisiness of the office. b. The ordinary sounds of blaring taxi horns and rumbling buses are occasionally punctuated by the ear-piercing screech of car brakes. c. Taking a shortcut through the park will bring the weary worker face to face with chanting religious cults, freelance musicians, screaming children and barking dogs. d. None of these sounds can compare with the large radios many park visitors carry. e. If there are birds singing or wind in the trees, the hurried commuter will never hear them.

例7涉及两类转喻连贯手段：重复衔接及逻辑语义衔接。前者指句子述位部分，如句子b中 the ear-piercing screech of car brakes，句子c中 "chanting religious cults, freelance musicians, screaming children and barking dogs"，句子d中 the large radios many park visitors carry，句子e中 never hear birds singing or wind in the trees，句子b到句子e详细阐释了句子a的主旨内容the noisiness of travelling from office，句子a与下面各句构成了上下义语义场。句子之间亦呈现逻辑语义衔接特征，如始源域Traveling from work激活路上的车辆噪声、公

园的噪声等。这几句存在着语义相关性，逻辑呈隐性衔接。

2. 转喻的隐性连贯

隐性连贯不取决于表面的连接形式，而是取决于内在的语篇连贯（Hobbs, 1979），即语义连贯的语篇不一定非要有显现衔接手段。与显性连贯的词汇表征不同，隐性连贯凸显语义连贯。连贯是语义层面的概念，是不同组成部分之间在意义上的联系。只要读者能把作者的语句前后联系起来，其文本就具有连贯性（朱永生、严世清，2001：83）。隐性连贯主要体现为篇章的逻辑语义衔接，如例8所示。

［例8］ a. After working hard all day, people look forward to a new episode of a favorite show or yet another showing of *Casablanca* or *Sleepless in Seattle*. b. This period of relaxation leaves viewers refreshed and ready to take on the world again. c. Watching TV also seems to reduce stress in some people. d. This benefit of television is just beginning to be recognized… e. Moreover, in many areas, viewers can pay a monthly fee and receive special cable programming. f. With this service, viewers can watch first-run movies, rock and classical music concerts, and specialized sports events, like international soccer and Grand Prix racing.

例8是隐性连贯的实例，句子b、d 及f中的话题“this period of relaxation”“this benefit of television”“with this service”分别与句子a、c、e呈现语义衔接特征。这些语义衔接体现了转喻机制，部分概念a favorite show、to reduce stress及viewers can pay a monthly fee分别激活整体概念relaxation、this benefit of television及this service。后者是对前者的归纳与概括，是前者列举的功能所在。这类功能性的衔接是隐性衔接的一大认知机制。具有语义推理特征的隐性衔接是高级衔接的实现手段，是实现连贯的思维机制。

（五）我国学生写作中存在的问题

二语写作是用不同于汉语母语的英语建构意义的过程。写作是书面语的产出过程，以语篇为视点，写作是作者的输出过程，是作者与语篇的互动。在此，作者首先被认为是语言运用者，而语篇是语言运用的一个实例。作者要通过语言模式建构社会文化语境。在写作过程中，作者能否有效地传递信息，取决于其自身的知识与经验水平。可以说，写作是一个积极的认知过程。

由于受汉语文化影响，我国学生的英语书面表达重语法衔接，轻语义衔接，可接受性差，很难体现大学生应有的英语表达能力。这主要体现为两类现象，离题和缺乏语义连贯。我们发现，我国大学生英语作文话题多变，读起来拗口、不流畅；语篇凸显形式衔接；忽略或缺乏语义连贯。

1. 重语法形式轻语义内容

我国学生用英语写作时，一般注重正确性，强调语法的对错，关注句式复杂性，其线性结构多为复合句，即句子套句子的结构特征。然而，语言表达的目的是交际，是信息的传递，对正确性的过度关注有违交际目的。所以，二语学生的线性表达已经偏离了交际目的，如例9中的a句和b句所示。

[例9] a.College life should be varied and colorful. Only taking courses and burying ourselves in study is surely not our ideal college life. While taking part in extracurricular activities is an important means to achieve such life.

b. College life should be varied and colorful. However, such life cannot be achieved if we college students only take courses and bury ourselves in study. Apart from studying, we should also take part in extracurricular activities.

以上两例中，行文流畅自然的是b句，不自然的是a句。a句读起来拗口，是因为它的每个句子都以新话题为起点，后一话题与前一话题没有明显的关联。三句的话题分别是college life，taking courses and burying ourselves in study以及extracurricular activities。这违背了读者的心理期待，因此a句的行文关联水平较低，连贯性很差。相反，b句行文流畅自然，从college life到such life，从in study到apart from studying，连贯性好。连贯性好的情况如例10所示。

[例10] The benefits of doing physical exercises are numerous. First of all, taking exercises regularly can help us enhance the ability of disease-resistant and reduce the risk of premature entry into aging. What's more, physical exercises can make it well-behaved and confident for us to cope with the pressure of life. Last of all, by participating in sports, we can have chances to communicate with friends and develop the spirit of collectivism. In sports, we are not only struggling for individuals, but also for groups. In general, doing physical exercises makes our lives more colorful.

例10中有多重语法衔接，如first of all、what's more、last of all、in general。这说明作者有两个预设：注重浅层衔接；不区分高低形式，视语法衔接为连贯的主要规范。不少大学生仍然像中学生那样使用很低级的衔接语，如first(ly)、second(ly)等；Therefore、however、as a coin has two sides、as far as I am concerned等，使句子可读性差，影响了作文质量。高级衔接手段一般是意义衔接，如相同话题衔接、语义场衔接、近义词衔接等。例10中的多重语法衔接导致内容不足，例证缺乏，意义内容不连贯。因此需要启动转喻关系，发展physical exercises的下义词，形成特定的语义场，则该文质量会大大提升。

2. 部分跑题（见例11）

［例11］ Under the current situation, China's economic development is relatively stable, and the economic growth rate is slowing down. The impact of the economic downturn on the whole country and society is reflected in all aspects. For Graduates, representatives of the senior intellectuals, growing pressure mainly comes as follows. In the first place, economic slowdown reduces employment, which is intensifying competition. At the same time, dominated by the mainstream employment concept, psychology and positioning, the scope of choosing careers for graduates–concerning regions, industries and enterprises is narrow, which makes it even harder for graduates to find ideal jobs. Moreover, even if they find satisfactory jobs, lower wage and higher consumption in these days can further increase the pressure on graduates.

段落与语篇写作的主要规范是统一性和连贯性。统一性指全文围绕同一话题展开，连贯性指全文符合逻辑及内容充实。若书面语写作不遵守这些规范，就会出现不同程度的跑题现象。跑题是指文章与其主题相脱离或不相关。若写作语篇脱离相关的写作主题，就会导致离题。这是因为写作是为某一主题服务的，文章语言是关于某一主题的话语，所以写作不能脱离相关主题。

跑题现象在我国英语学习者作文中很常见，或为部分跑题或为完全跑题，部分跑题现象如例11所示。在例11中，我国英语学习者先陈述的话题是我国经济发展的影响，随后转向的话题是大学生的压力，两个话题呈现不一致性。这样分散的思维致使全文背离了西方的书面语行文规范，没有做到全文要围绕同一话题进行阐述，没有用例子做翔实的补充，没有呈现内在的逻辑性。

（六）二语写作教学的认知转喻策略

认知语言学认为，转喻不只是一种修辞手段，更是重要的认知思维模式，在语篇生成和识解过程中起着重要作用。大学英语写作教学要注意运用转喻机制，让学生创设具有衔接性和连贯性的语篇，培养学生的转喻思维方式，旨在提高学生的写作表达能力。

1. 语义场与语义衔接

在语篇层面，某一语义场的上下义词可以把语篇的不同部分从语义上衔接起来，构建语篇语义衔接。上下语义场在保持语篇统一性及连贯性中发挥着重要作用。词项共现与因果关系，使整段语义连贯，保证了文内信息的充实性，如例12所示。

［例12］ Physical exercises are good for us to build our bodies. They helps co-ordinate the different parts of our bodies. For example, playing basketball need us try our best to coordinate the movements of the arms and legs, or we won't be able to shoot the basket. Swimming can enhance the coordination of the arms and legs. What's more, exercise can contribute to the development of our ability to response agilely. For instance, when you play table-tennis or badminton, you must try to reflect as quickly as you can so that you may fight back at the right position at the fight moment. A boxer who responses immediately can avoid being hit and knocked down by his opponent. Exercise benefits our organs, too. Some sports such as running, swimming and riding can let the heart beat faster than usual, and then helps enlarge the blood vessels to protect us from heart attacks.

例12为较好的写作范例。其中，分话题“playing basketball”“swimming, table-tennis or badminton, boxing”构成了physical exercises的语义场；coordinate the different parts of our bodies及contribute to the development of our ability to response agilely等分话题构成了good for us to build our bodies总话题的语义场。不同的下义词出现在同一语境下，加强了语篇内在的衔接力，对篇章起着语义衔接功能。不同话题语义场的设置可以充实语篇内容，促成内容的具体及可观性，也避免了我国英语学习者的行文空洞现象及话题分散现象。可见，不同语义场在写作语篇中的应用及建构是提升二语写作水平的有效机制。

语义场有多种多样的类型。对同一语义场的下义词进行补充，有助于提高我国英语学习者的词汇丰富度，进而可以提升其内容表达水平。这里，建议学生以语义场为层面，积累下义词，尤其是积累不同学科的词汇，再用跨学科的词汇替代日常口语词汇，例如用deficit（赤字）表达limited（不足），用substantial（大量的）表达many（许多），用instructive（有教育意义的）表达good（好的）。这样，跨学科下义词的积累及应用还有助于丰富词汇表达，有助于提升我国英语学习者书面语的学术交流能力。表3–5罗列了下义词及三类语义场。

表 3–5　　　　下义词及三类语义场

	类型及词例
优与劣	优：advantageous/ advantage/ instrumental/ profitable/ profit/ superiority/ outstanding/ valuable/ prestige/ healthy/ convenience/ flawless 劣：mediocrity/ inadequacy/ demerits/ disadvantage/ deficit/ deficiency/ faulty/ imperfect/ inadequate/ substandard/ decline/ unsatisfactory/ deleterious/ drawback/ ruinous/ unhealthy/ immoral/ inconvenience/ flaw/ limitation/ weakness/ shortcoming
益与害	益：beneficial/ benefit/ benevolent/ profit/ profitable/ merits/ admirable/ favorable/ worthy/ instructional/ improved/ increased/ considerate/ moral/ ethical 害：destructive/ poisonous/ detrimental/ unfavorable/ malignant/ baleful/ pernicious/ costly/ adverse/ violent/ noxious/ abusive/ disadvantageous/ damaging/ injurious/ dangerous/ unsafe/ risky/ hurtful/ toxic
运动与休闲	运动：sporting/ bowling/ shooting/ gentle walking/ race walking riding/ aquatic pastime/ abdominal exercise/ aerobic exercise/ outdoor sports/ indoor sports/ rope skipping/ biking/ playing golf/ swimming/ climbing/ jogging/ slimming exercises/ the weight–reducing movement/ car racing 休闲：entertainments/ comfort/ relaxation/ relief/ fitness/ recreation/ camping trip/ excursion/ spring outing/ hiking/ tourism/ stamp collecting

2. 逻辑语义衔接与篇章转喻模式

在上文中，我们谈到了语义场与语义衔接，主要涉及语义场的组合层面及聚合层面。在语篇建构过程中，语义场是内容充实的认知机制。本小节拟概括二语写作教学的转喻认知模式，试图为二语教学提供可模仿的英语语篇连贯的转喻模式。

表3–6为以例13为参照的英语语篇连贯的转喻模式。该模式也可以缩小为三段模式或四段模式。直观上看，该语篇呈现两大逻辑等级，第一段与第五段是第一语义等级，涉及上义词mall people，中间三段为第二语义等级，涉及下义词teenagers、couples on dates、the nuclear family。第二语义等级的内容来自第一段的中心句（thesis statement）。该模式主要呈整体—部分转喻思维特征。这一转喻模式共有两个层次：其一，该模式体现了全文的主旨内容与各段分述内容的转喻关系；其二，该模式体现了各段的分主题句与其相应的次主题句之间的转喻关系。两者皆是语篇统一连贯的有效认知机制，后者更为重要，因为它能充实全文内容，然而后者更容易被忽略和遗忘，导致各个段落内部无章法，内容空洞。相反，若能建构发展段中的次主题句，则可保证本部分的统一性，避免跑题现象。

表 3–6　　以例 13 为参照的英语语篇连贯的转喻模式

<table>
<tr><th colspan="2">上义词</th><th colspan="2">下义词</th></tr>
<tr><td rowspan="2">第一段全文论点句</td><td>话题 mall people</td><td rowspan="2">次主题句</td><td>话题 teenagers、couples on dates、the nuclear family</td></tr>
<tr><td>主题 have a good time</td><td>主题 passtime、find fun、find inexpensive recreation</td></tr>
<tr><td rowspan="2">第二段主题句</td><td>话题 teenagers</td><td rowspan="2">次主题句</td><td>话题 guys、girls</td></tr>
<tr><td>主题 pass time at the mall</td><td>主题 make the shopping mall their hunting ground</td></tr>
<tr><td rowspan="2">第三段主题句</td><td>话题 couples on dates</td><td rowspan="2">次主题句</td><td>话题 young lovers</td></tr>
<tr><td>主题 find fun of another sort</td><td>主题 are having a good time at the mall</td></tr>
<tr><td rowspan="2">第四段主题句</td><td>话题 the nuclear family</td><td rowspan="2">次主题句</td><td>话题 Jenny、Fred、Mom、Dad</td></tr>
<tr><td>主题 visit the mall for inexpensive recreation</td><td>主题 find something special for themselves in the mall</td></tr>
</table>

续表

上义词		下义词	
第五段主题句	话题 mall people	次主题句	话题 the teenagers、the dating couples、the nuclear families
	主题 find cheap entertainment at the mall		主题 are shopping for inexpensive recreation

[例13] Mall People

Just what goes into "having fun"? For many people, "fun" involves getting out of the house, seeing other people, having something interesting to look at, and enjoying a choice of activities, all at a reasonable price. Going out to dinner or to the movies may satisfy some of those desires, but often not all. But an attractive alternative does exist in the form of the free-admission shopping mall. Teenagers, couples on dates, and the nuclear family can all be observed having a good time at the mall.

Teenagers are drawn to the mall to pass time with pals and to see and be seen by other teens. The guys saunter by in sneakers, T-shirts, and blue jeans, complete with a package of cigarettes sticking out of a pocket. The girls stumble along in high-heeled shoes and daring tank tops, with a hairbrush tucked snugly in the rear pocket of their tight-fitting designer jeans. Traveling in a gang that resembles a wolf pack, the teenagers make the shopping mall their hunting ground. Mall managers have obviously made a decision to attract all this teenage activity. The kids' raised voices, loud laughter, and occasional shouted obscenities can be heard from as far as half a mall away. They come to "pick up chicks", to "meet guys", and just to "hang out".

Couples find fun of another sort at shopping malls. The young lovers are easy to spot because they walk hand in hand, stopping to sneak a quick kiss after every few steps. They first pause at a jewelry store window so that they can gaze at diamond engagement rings and gold wedding bands. Then, they wander into furniture departments in the large mall stores. Finally, they drift away, their arms wrapped around each other's waist.

Mom, dad, little Jenny, and Fred Jr., visit the mall on Friday and Saturday evenings for inexpensive recreation. Hearing the music of the antique carousel housed there, Jenny begs to ride her favorite pony with its shining golden mane. Shouting "I'm starving!" Fred Jr., drags the family toward the food court, where he detects the seductive odor of pizza. Mom walks through a fabric store, running her hand over the soft velvets and slippery silks. Meanwhile, dad has wandered into an electronics store and is admiring the sound system he'd love to buy someday. The mall provides something special for every member of the family.

Sure, some people visit the mall in a brief, businesslike way, just to pick up a specific purchase or two. But many more are shopping for inexpensive recreation. The teenagers, the dating couples, and the nuclear families all find cheap entertainment at the mall.

本例逻辑清晰，即以年龄为标准，把Mall People进行了分类。第一段提出了全文的论点句，即"Teenagers, couples on dates and the nuclear family can all be observed having a good time at the mall."。该中心句拟从三个层面加以详述，即teenagers、couples on dates、the nuclear family，这也是中间三个段落的逻辑层次；第二段主题句下有两个分话题，分别涉及guys及girls to pass time at the mall；第三段主题句下有一个次主题句"The young lovers are easy to spot..."；第四段主题句下有四个分话题，分别涉及Jenny、Fred Jr.、mom及dad。上义词mall people与下义词"teenagers, couples on dates and the nuclear family"同现及并置是转喻现象的语言表征。转喻机制是内容充实、衔接连贯的认知机制。例13再次证明，转喻机制的启动有助于丰富写作内容，亦有助于写作能力的提升。

（七）结语

转喻在认知语篇的结构中起着重要作用，主要涉及上下义词的组合及聚合层面，从语义层面对语篇进行强化。在语篇建构过程中，转喻机制体现为两类语义衔接：部分概念激活整体概念；整体概念激活部分概念。这两类机制是句与句之间连贯的认知机制。此外，整体—部分转喻是语篇连贯的发展模式，呈现为主题句、次主题句、解释句及举例句之间的转喻关系，促成其内容的统一及逻辑衔接。主题句（第一句）整体内容的表达依赖于次主题句的补充及添加。概言之，次主题句的合理设置及应用是逻辑衔接实现的关键。主题句与次主题句相结合的发展模式是语篇实现统一性与连贯性的重要模式，可将其概括为语篇逻辑发展的思路模式。

除了语篇连贯功能外，转喻也是充实语篇内容的认知机制，主要涉及语义场逻辑衔接，下义词的发展与补充是丰富语篇内容的关键。转喻有助于培养我国英语学习者的书面语建构能力，保证他们作文的统一性、连贯性及内容的充实性等；也有助于避免学生写作能力低下等现象，如假连接、部分跑题或全跑题。总之，将转喻理论运用于教学实践，有利于丰富老师的教学内容和方法，能够有效提升学生的语言能力及书面语交际能力。在英语教学中，老师应充分认识到培养学生转喻思维能力的重要性，并采取积极有效的方法强化他们的转喻思维能力。

附录　运用真实语料开发高校《英语写作教程》

一、文本真实性研究

外语教学文本的真实性（authenticity）研究始于20世纪七八十年代。真实文本指现实生活中的真实语料，非真实文本指专门为某学习目的而设计的语料；真实文本产于语言社区，旨在实现其社会目的；真实文本由现实生活中的人所使用，呈现一定的激励作用；真实文本能够让二语学习者与真实语言、真实内容互动。大量真实的英语文本可以向二语学习者证明，语言不只限于课堂上的学习，还真实地存在于社会生活；同时，真实文本能够激发二语学习者的学习动力，提高二语学习者的学习动机。故此，真实语料在课堂教学中有诸多优势，如对学习者的学习动机有积极影响、为学习者提供真实的文化信息、让学习者接触真实的语言、更紧密地联系学习者的需求、支持更有创造性的教学方法等。换言之，使用真实文本，包括书面语和口头语语料，有助于缩小课堂知识和学习者参与现实事件能力之间的差距。真实语料是学习者在语法、词汇和语音等方面的一种参考资源，亦是激发学习者语言灵感的来源。学习者理解的一切对他们来说都是社会生活的真实情景，真实语料的使用可以让二语学习者体会在本族语语境中学习目标语言。

国内教材真实性研究也呈现一定的推进性。多数研究侧重本科英语阅读教学及本科英语读写教学，较少有研究者关注《英语写作教程》语料的真实性问题，而《英语写作教程》编写存在一定的局限性，如体裁面过窄，内容与大学英语写作教材重复等。换言之，现有教材与学习者需求之间存在一定的差距。本部分内容拟探讨教材选用的真实性问题，从理论与实践层面提出改进方案，希望能对我国高校英语写作教材建设有所帮助。

二、用真实语料开发《英语写作教程》的理论探讨

1. 教材语料真实性的概念类型

关于语言教材的语料真实性主要有四种概念类型。

第一种关注语料的来源，如新闻报道语料、报纸杂志语料、电视广播语料、电影语料、网站语料等，真实语料界定为社会生活中流通的、人们日常接触的语言素材。

第二种侧重语感真实性，真实语料界定为符合母语者语感的、可接受的、地道的语言材料。这一概念类型的支持者认为，这样的语料可以激发学习者的语言灵感。

第三种关注语料的交际功能，真实语料界定为由一个真实的说话者或作者产出的一段真实的语言，这段语言服务于某一真实的听众或读者，实现某种社会功能。

第四种关注语料的功能，这种类型要求真实语料有助于学习者缩短与目标语之间的距离，提升目标语规范的适应性及内化性。

这四种概念从不同层面讨论了语料的真实性，存在同一目标的内涵共核，即真实语料呈现为英语本族语者的口笔语表征，凸显真实语料的思维规范，需要二语学习者去适应。这四种概念概括了语料真实性的适应性内涵，即让二语学习者的中介语靠近英语这一目标语。《英语写作教程》真实语料开发可帮助二语学习者由中介语向目标语迈进。

2. 教材语料真实性的内涵

真实语料是交际中的语料，是由交际的参与者产生的。在英汉跨文化教学语境下，语料真实性凸显其关键内涵。

其一，真实语料有别于中介性语料。语料的真实性与英语本族语者的语篇产出相关，重在信息交际内容，如英语本族语者撰写的期刊、经典散文、小说、新闻等。而非真实性语料与非本族语者的口笔语产出相关，这表现为多用语法结构进行交际，如网络上关于全国大学英语四、六级考试或全国高等学校英语专业四、八级考试的写作范文。再如*China Daily*等中介性语料或多或少带有口语的成分，这表现在词汇选择、句式选择及修辞模式选择等层面。

其二，真实语料呈现语汇、内容、文化思维规范等层面的语言规范，凸显口笔语真实语篇的不同类型，在派生词、转换词、多词短语、句式结构等常规用法方面，凸显口语及书面语的文体内涵。

其三，真实语料的内容要体现适宜性、可利用性及可读性。适宜性指真实语料的内容应该与二语学习者的需求相关，要能够吸引二语学习者并激发二语学习者的学习动机，这样真实语料才能作为二语学习者的阅读材料或写作素材等；可利用性指真实语料的内容要能够被教师利用，这样真实语料才能作为教师教学过程中的素材，用于培养二语学习者的阅读能力、写作能力等；可读性指真实语料内容的句法结构与词汇难度应该符合二语学习者的能力水平。

3. 运用真实语料开发教材的优势

"优秀的教材应该尽可能地创造条件使学习者接触真实的语言"（程晓堂、孙晓慧，2011: 58）。真实语料是本族语者交际行为的语言输入，能够反映语言在真实语境中的应用情况，因此真实语料提供了真实的英语交际环境，在英语写作教学中有着潜在的优势，有助于提升二语学习者的书面语交际能力和跨文化适应能力，有助于二语学习者适应书面语语言篇章规范，有助于提升二语学习者的学习效率，完成英语写作教学的目标。

从根本上说，用于教学的真实语料有助于二语学习者学以致用，减少英语写作中的不地道现象，进而调动二语学习者的学习积极性，培养二语学习者的学习成就感。书面语石化现象（戴炜栋、牛强，1999）间接反映出英语写作教材缺乏真实语料的问题。真实语料比较容易反映出中英文化思维规范的不同，这种不同应当在教材编写和教学活动中加以强调和引导，以降低汉语对二语学习的干扰，帮助二语学习者适应英语思维规范，接受英语思维规范。在教学中，英语本族语者的真实语料可以"使学习者关注自己的语言输出与真实语言输入之间的差异"（程晓堂、孙晓慧，2011：59）。目标语的真实语料有利于更加全面地呈现目标语语言思维规范，有助于提升二语学习者对目标语的文化适应性，让学习者最大限度地靠近目标语。

4. 运用真实语料开发教材的挑战

如上所述，英语本族语真实语料用于英语写作教学彰显诸多优点，但运用真实语料编写教材对英语写作教学仍然是一种挑战。现有的各类英语写作教材存在诸多问题，如与当前教学理念相冲突、缺乏时效性话题、缺乏系统性等。运用真实语料开发高校《英语写作教程》至少面临两大挑战。

其一，运用真实语料开发《英语写作教程》教材面临的一大挑战是如何恰当挖掘新话题的内涵及保证其适合二语学习者学习。《英语写作教程》素材要使用新鲜、真实的语料内容，要与时俱进，及时更新。同时，来自报纸杂志等的真实语料存在主题内容不集中、篇幅不固定等动态变化的特征，采用这样的语料文本进行教学，会增加教师教学活动设计等的难度。

其二，大多数大学英语教师虽然从事英语写作教学多年，有着丰富的教学经验，熟悉英语语法知识，但其教学很少涉及中英思维规范对比的内容，不重视二语学习者英语思维规范适应能力的提升，不重视二语学习者汉语负迁移现象的减少或消除，因此未能扭转二语学习者本科阶段的思维误区。同时，英语写作教材的选用没有统一的指导思想。大部分英语写作教材由任课教师选用，被选用的教材在句法表达、语篇逻辑、观点立场、语体选择等方面存在很大差异，甚至存在不足，无法满足我国二语学习者的需求。这总体表现为，《英语写作教程》教材大多忽略跨文化视角，缺乏中英对比维度，教学目标强调写作的正确性，忽略写作的交际性，导致二语学习者的英语水平停留在中介语阶段，远未靠近英语语言规范，因此二语学习者的英语水平呈现出石化现象。

运用真实语料开发《英语写作教程》教材，要突破原有的不协调的英语习得，要注重提升二语学习者的跨文化能力，承担起这样的挑战之后，《英语写作教程》教材才能有助于教师有效实现中介语教学的最终目标，有助于二语学习者进一步靠近英语本族语。

三、《英语写作教程》真实语料的开发实践

1. 从二语学习者需求定位真实语料教材

《英语写作教程》教材建设立足于我国文化语境，立足于我国英语书面语之缺乏英语思维规范的弊病误区，如无效表达误区、石化误区、不当互文误区等，提出创新性教材的开发维度，如跨文化维度、英语语言思维规范的适应维度，旨在满足我国二语学习者的需要。教材开发需针对我国二语学习者

的切实需求，以“向目标语靠近”（Selinker, 1972）为方向，以教学总体设计为依据，探索运用真实语料编写英语写作教材的可行性。

2. 从时效性、权威性定位真实语料教材

《英语写作教程》素材选择要体现时效性，与时俱进，不断更新。就社会热点、学科发展等多个方面而言，教材要选取近年的真实语料，以扩大二语学习者的术语和新名词语料的习得。例如，genetically modified food（转基因食品）、alternative energy（代用能源）、social distancing（社交距离）、sharing economy（共享经济）、metaverse（元宇宙）等。

教材语料要具有权威性和说服力。《英语写作教程》语料的主要来源应当是国外经典语篇、主流杂志报纸、官方信息等。经典语篇如“I Have a Dream”“Thoughts in Westminster Abbey”“Of Love”等，主流杂志报纸如*The Economist*（《经济学人》）、*The Guardian*（《卫报》）、*The Times*（《泰晤士报》）、*The Atlantic Monthly*（《大西洋月刊》）、*The New York Times*（《纽约时报》）、*The Washington Post*（《华盛顿邮报》）等，官方信息如来自联合国官方网站的信息等。通过接触和阅读权威性语料，可以兼顾词汇内容习得和语言规范习得，提高学习效率，达到事半功倍的效果。

3. 从跨文化交际能力培养取向定位真实语料教材

教材建设应凸显跨文化交际能力培养取向。

首先，教材开发应该注重学术内容。学术规范涉及语篇的各个层次，掌握学术规范能够让二语学习者提升对文化现象和文本的阐释能力，提升表达的有效性，减少重语法结构轻信息交际等问题。

其次，教材开发应该强化立德树人的内容。跨文化交流反映了语言所承载的情感、态度和文化的传承。这就要求二语学习者在跨文化交际中展现出理性、友好等特质。把立德树人的内容渗透到英语教材及教学过程中，有助于发展二语学习者的心智，提升二语学习者的人文素养。

再者，教材开发应该涉及跨文化内容的对比，这既包括关于中英文化的基本特点和异同，也包括跨文化研究的理论知识和分析方法。了解彼此之间的异同，才能体谅并接受彼此之间的文化差异，促进彼此之间的文化互惠和包容，才能让二语学习者有意识地适应英语思维，改进自己的写作思路，提升书面语写作质量。学习相关理论，如Kaplan（1966）、Hinkel（2004）、Hyland（2005）

等关于二语学习者的困难、策略、实践等的研究，有助于二语学习者了解语言学习的难点，提升二语学习者的自我调整能力及适应能力等。

教材改革在推进二语学习者的跨文化能力发展方面有一定的作用，能够培养二语学习者的跨文化同理心和批判文化意识。

4.《英语写作教程》真实语料教材的开发流程

《英语写作教程》建设以二语学习者为中心，根据二语学习者的需求设计课程体系，根据英汉对比教学法设计课程内容及教材结构体例，根据互文借用教学法设计中介语适应目标语的实践任务。开发流程分为三个阶段，即前期（a）、中期（b）、后期（c）。《英语写作教程》开发流程如下表所示。

《英语写作教程》开发流程

开发流程	开发内容	体例设计	具体内容
（a）需求分析	二语学习者对当前学习语料的需求	英语真实语料的线性表征与非线性表征	英语真实语料的题材等
	二语学习者对未来发展的需求	获得实际的语言综合运用能力	以话题为主线安排内容
（b）读写结合	目标语的阅读与参照	二语学习者书面语输出与目标语输入的差距	中介语与目标语的对比语篇
	互文写作	为写而学，在写中学	语内、语外互文借用语篇
（c）细节加工	线性问题	非线性问题	教学辅助材料

前期开发阶段根据需求分析选择教材内容的材料和话题，设计总体任务，各单元的内容围绕主话题展开。中期开发阶段以英汉对比为线索、以互文借用为方法来设计课程内容体例及结构，实现在对比中学、在互文写作中习得英语规范。后期开发阶段涉及细节加工与教学辅助材料设计。

四、《英语写作教程》真实语料开发的实践特色

英语教材旨在融读写于一体，体现语言工具性与人文性的统一。语言学习能够促进二语学习者的全面发展，提高二语学习者的人文素养。在教材编

写过程中，我们总结了两大宗旨：英语教材侧重二语学习者习作在教材开发中的中心地位，旨在促进中介语向目标语的靠近，促进二语学习者思辨能力的提升。同时，我们也总结了教材开发的三大实践特色。

1. 以主题为框架

从经典与现代两维度筛选相应的语料，整套教材的话题多样，涵盖思想品德话题，如成功与失败、责任与道义、学术不端及其规避等；婚恋家庭话题，如早恋、单亲家庭等；社会政治话题，如美国大选、性别歧视、老龄化、全球变暖等；科学技术话题，如人工智能、元宇宙等；医疗卫生话题，如心理问题等；零工经济与共享经济话题，如共享单车、互联网交易等问题。

2. 以目标语的语言规范为线索

整套教材以英语本族语者的语言表达规范内容，涉及线性与非线性两个维度。前者指词、短语、句子、段落及语篇规范，后者指文体修辞、思维模式、衔接与连贯等。同时，此套教材涵盖英语写作中的语言工具层面，如标点符号的用法等。这些手段有助于解决二语学习者病句等问题，如二语习作的套语化、口语化、无章法、话题分散等现象，亦有助于改变重语法结构轻信息交际等现象，提升二语学习者的跨文化交流能力。

3. 以互文资源借用为维度

互文性提倡读与写的融合性，即读中有写、写中有读，强调写作性阅读。借助写作型阅读能够达成写作功能与阅读功能的重构，体现读者与作者的对话，建构与解构连续体，呈现语篇建构的积极性视角。二语新语篇的作者可辨别、吸收、转化其阅读语篇中的符号资源，并使之为新语篇所用。互文性开启了对语言、修辞、文化等诸多层面的参照，是意义阐释或建构的直接或间接工具。

互文性强调知识共享，读者享有前文本（作者）的语域知识、表达形式与内容、交际目的等，强调交际的潜移默化。语内互文关系涉及语篇的语言形式、表达内容和相关语类；语外互文涉及读者与作者的互动、老师与学生的互动等。中外篇章互文对比可揭示汉语语境中的二语学习者英语语篇的诸多不当互文表征，从元认知上修正汉语文化影响下的二语线性表征，这有助于减少二语学习者英语书面表达中的汉语思维成分，缓解二语学习者书面语僵化症状。以互文资源借用为维度设计写作教材，有助于二语学习者对语内资源的模仿与转化，有助于达成二语学习者对学术语篇规范挪用的效果。

五、结语

本部分提出运用真实语料开发高校《英语写作教程》，旨在助力二语学习者的英语水平从中介语向目标语的接近。本部分梳理了语料真实性讨论，总结了用真实语料开发《英语写作教程》的内涵、优势及面临的挑战，提出了用真实语料开发《英语写作教程》的思路及方案。真实语料能够让二语学习者沉浸于真实的语言环境，提升二语学习者的目标语水平，提升二语学习者的书面表达能力。因此用真实语料开发《英语写作教程》是有利的尝试。为保证二语学习者切实受到真实语言环境的有利影响，用真实语料开发的《英语写作教程》应该以主题为框架，以目标语的语言规范为线索，以互文资源借用为维度，满足二语学习者对写作教材的需要，凸显写作教材的时效性、权威性、跨文化性。

参考文献

拜伯，等，2000. 朗文英语口语和笔语语法［M］. 北京：外语教学与研究出版社.

蔡金亭，1998. 汉语主题突出特征对中国学生英语作文的影响［J］. 外语教学与研究（4）：18–22，81.

程琪龙，2001. 认知语言学概论——语言的神经认知基础［M］. 北京：外语教学与研究出版社.

程琪龙，2009. 体验式外语学习的认知功能探究［J］. 中国外语，6（5）：66–75.

程晓堂，孙晓慧，2011.英语教材分析与设计［M］.北京：外语教学与研究出版社.

戴曼纯，2012. 语块学习、构式学习与补丁式外语教学［J］. 外语界（1）：52–60.

戴炜栋，牛强，1999. 过渡语的石化现象及其教学启示［J］. 外语研究（2）.

戴炜栋，束定芳，1994. 对比分析、错误分析和中介语研究中的若干问题——外语教学理论研究之二［J］. 外国语（上海外国语大学学报）（5）：1–7.

邓炎昌，刘润清，1989. 语言与文化——英汉语言文化对比［M］. 北京：外语教学与研究出版社.

邓志勇，2002. 英语写作教学的社会认知模式［J］. 现代外语（4）：408–417.

冯志国，郭印，2014. 互文语篇理解的认知性研究［J］. 上海理工大学学报：社会科学版（1）：22–27.

高远，李福印，2007. 约翰・泰勒应用认知语言学十讲［M］. 北京：外语教学与研究出版社.

龚玲莉，2012. 中美大学生英语议论文中立场表达的比较［J］. 南京工程学院学报：社会科学版，12（1）：58-63.

何旭良，2004．非英语专业本科生英语作文选词策略［J］．外语界（5）：47-53.

洪德，1986．美国统一商法典简介［J］．国外法学（1）：35-39.

黄源深，2006a．好的英语是“读”出来的——英语教学谈之一［J］．外语界（4）：63-66.

黄源深，2006b．好的作文是“写”出来的——英语教学谈之二［J］．外语界（5）：13-16.

黄源深，2007．英语学习的功夫主要在于课外——英语教学谈之三［J］．外语界（6）：12-15.

吉洁，梁茂成，2015．学习者英语议论文中主语生命度研究［J］．外语电化教学（2）：52-58.

姜孟，王德春，2006．外语思维再思考——论外语思维的“概念化模式”内涵［J］．外语研究（4）：38-44，80.

蒋楠，2004．外语概念的形成和外语思维［J］．现代外语（4）：378-385，437.

考夫卡，1997．格式塔心理学原理（上册）［M］．黎炜，译．杭州：浙江教育出版社.

李健民，2017．认知转喻与英语词汇教学［J］．社科纵横，32（8）：176-178.

李克，2013．转喻能力的构建及应用性研究——以英语阅读教学为例［J］．外语电化教学（4）：16-22.

李克兴，2008．法律英语条件句的写作和翻译［J］．中国翻译（4）：71-77，96.

李莉文，2011a．英语写作教学与思辨能力培养研究［M］．北京：外语教学与研究出版社.

李莉文，2011b．英语写作中的读者意识与思辨能力培养——基于教学行动研究的探讨［J］．中国外语，8（3）：66-73.

李勇忠，2004．构式义、转喻与句式压制［J］．解放军外国语学院学报（2）：10-14.

李勇忠，2005．祈使句语法构式的转喻阐释［J］．外语教学（2）：1-5.

连淑能，1993．英汉对比研究［M］. 北京：高等教育出版社.

梁茂成，2008．中国学习者书面语的情态序列研究［J］. 外语教学与研究（1）：51–58.

梁茂成，2011．中国大学生英语议论文典型语篇结构初探［M］// 李莉文．英语写作教学与思辨能力培养研究．北京：外语教学与研究出版社.

娄琦，2005．语篇互文性与外语教学浅探［J］. 外语与外语教学（2）：18–20.

卢卫中，路云，2006．语篇衔接与连贯的认知机制［J］. 外语教学（1）：13–18.

鲁显生，殷红梅，卢鹿，等，2018．研究生英语学位课统考真题及模拟题精解（GET 2017—2018）［M］. 北京：中国人民大学出版社.

马广惠，2002．中美大学生英语作文语言特征的对比分析［J］. 外语教学与研究（5）：345–349，380.

马广惠，2007．马广惠语言学选论［M］. 上海：复旦大学出版社.

欧阳苹果，曹群英，2008．从句法象似性看英汉句子结构差异［J］. 四川外语学学报（2）：107–111.

潘文国，1997．汉英语对比纲要［M］. 北京：北京语言大学出版社.

钱冠连，2002．语言全息论［M］. 北京：商务印书馆.

秦海鹰，2004．互文性理论的缘起与流变［J］. 外国文学评论（3）：19–30.

沈家煊，1993．句法的象似性问题［J］. 外语教学与研究（1）：2–8，80.

沈家煊，1999a．不对称与标记论［M］. 南昌：江西教育出版社.

沈家煊，1999b．转指与转喻［J］. 当代语言学（1）：3–15，61.

施康隆，2000．汉英篇章对比研究［M］. 北京：外语教学与研究出版社.

史宝辉，2007．College writing skills with readings 导读［M］// LANGAN J．College writing skills with readings，6th edtion．Bejing：Foreign Language Teaching and Research Press.

孙有中，2016．外语教育与跨文化能力培养［J］. 中国外语，13（3）：1，17–22.

孙志农，2007．论语篇连贯的转喻机制［J］. 天津外国语学院学报（2）：38–42.

童明，2015．互文性［J］. 外国文学（3）：86–102，159.

王力，2015. 中国语法理论［M］. 北京：中华书局.
王立非，张岩，2006. 基于语料库的大学生英语议论文中的语块使用模式研究［J］. 外语电化教学（4）：36–41.
王立非，张岩，2007. 大学生英语议论文中高频动词使用的语料库研究［J］. 外语教学与研究（2）：110–116，160–161.
王立非，2007. 借鉴国外，立足本土，创新教学［J］. 中国外语（6）：13–16.
王立非，孙晓坤，2006. 大学生英语议论文语篇中指示语的语料库对比研究［J］. 现代外语（2）：172–179，220.
王顺玲，张法科，2008. 大学英语写作中的僵化现象及其纠正对策［J］. 中国外语（6）：68–73.
王星，2013. 英语专业写作1学生用书［M］. 上海：上海外语教育出版社.
王寅，1998. 从话题象似性角度谈英汉句型对比［J］. 山东工业大学学报：社会科学版，（2）：88–90.
王寅，1999. 论语言符合的象似性［J］. 外语与外语教学（5）：4–7.
王寅，2000. 象似性：取得文体特征的重要手段［J］. 四川外语学院学报（4）：39–43.
魏在江，2007a. 概念转喻与语篇衔接——各派分歧、理论背景及实验支持［J］. 外国语（上海外国语大学学报）（2）：29–36.
魏在江，2007b. 英汉语篇连贯认知对比研究［M］. 上海：复旦大学出版社.
魏在江，2007c. 语篇转喻综观［J］. 外语学刊（3）：32–37.
魏在江，2009. 概念转喻与英语阅读教学［J］. 外语界（1）：71–77.
文秋芳，丁言仁，王文宇，2003. 中国大学生英语书面语中的口语化倾向——高水平英语学习者语料对比分析［J］. 外语教学与研究（4）：268–274，321.
文秋芳，2001. 英语学习者动机、观念、策略的变化规律与特点［J］. 外语教学与研究（2）：105–111，160.
文秋芳，2009. 学习者英语语体特征变化的研究［J］. 外国语（上海外国语大学学报），32（4）：2–10.
文秋芳，郭纯洁，1998. 母语思维与外语写作能力的关系［J］. 现代外语，（4）：44–56.

吴光亭，申勇，2009. L1和L2学生写作中模糊限制语的对比分析研究［J］. 河北北方学院学报，25（2）：61–66.

武建国，颜璐，2015. 微博语篇中的互文性——基于《人民日报》新浪微博的研究［J］. 外语教学，36（6）：1–4，43.

武建国，2010. 当代汉语公共话语中的篇际互文性研究［M］. 上海：上海外语教育出版社.

肖薇，陈新仁，2013. 选择与顺应——立法语篇名词化新解［J］. 英语研究（1）：17–23.

谢登攀，2011. 英语写作教材建设与思辨能力培养［M］//李莉文. 英语写作教学与思辨能力培养研究. 北京：外语教学与研究出版社.

辛斌，2000. 语篇互文性的语用分析［J］. 外语研究（3）：14–16.

辛斌，2001. 体裁互文性与主体位置的语用分析［J］. 外语教学与研究（5）：348–352，399.

辛斌，赖彦，2010. 语篇互文性分析的理论与方法［J］. 当代修辞学（3）：32–39.

徐江，郑莉，张海明，2014. 基于语料库的中国大陆与本族语学者英语科研论文模糊限制语比较研究——以国际期刊《纳米技术》论文为例［J］. 外语教学理论与实践（2）：46–55，95–96.

徐盛桓，2002. 常规关系与认知化——再论常规关系［J］. 外国语（上海外国语大学学报）（1）：6–16.

徐盛桓，2007. 基于模型的语用推理［J］. 外国语（上海外国语大学学报）（3）：2–9.

杨汝福，2008. 互文性模式的功能语言学建构［J］. 外语教学（6）：43–46，60.

杨汝福，2009. 大学英语写作教学中互文性整合模式研究［J］. 中国外语，6（4）：77–82.

杨玉晨，2003. 英汉学术论文开头段语篇模式和思维方式对比分析［J］. 外语教学（4）：20–23.

张辉，孙明智，2005. 概念转喻的本质、分类和认知运作机制［J］. 外语与外语教学（3）：1–6.

张绍杰，2012．读写危机：当今英语专业面临的最大挑战［J］. 外语教学理论与实践（2）：1–5，29.

赵晓临，卫乃兴，2010．中国大学生英语书面语中的态度立场表达［J］. 外语研究（1）：59–63.

赵艳芳，2001．认知语言学概论［M］. 上海：上海外语教育出版社.

周云红，2003．语言的僵化现象［J］. 外语界（4）：19–26.

朱葵，夏新蓉，2011. 模糊限制语与书面交际能力相关性研究［J］. 外语教学，32（5）：31–34.

朱永生，严世清，2001．系统功能语言学多维思考［M］. 上海：上海外语教育出版社.

AIJMER K, 2002. English disourse particles: Evidence from a corpus［J］. Studies in Corpus Linguistics (10): 43–56.

AIJMER K, 2009. Introduction: Corpora and Language Teaching［G］//AIJMER K. Corpora and language teaching. Amsterdam: John Benjamins Publishing Company.

ALDERSON J C, 2007. Judging the frequency of English words［J］. Applied Linguistics, 28: 383–409.

ALLEN G, 2000. Intertextuality［M］. London: Routledge.

ARNAUDET M L, BARRETT M E, 1984. Approaches to academic reading and writing［M］. Englewood cliffs, N J: Prentice Hall.

BAKHTIN M M, 1981. The dialogic imagination: Four essays［M］. EMERSON C, HOLQUIST M, Trans. Austin: University of Texas Press.

BAKHTIN M M, 1986. Speech genres and other late essays［M］. Austin: University of Texas Press.

BARTHES R, 1986. Semiology and the urban［M］//GOTTDIENER M, LAGOPOULOS A P. The City and the sign: an introduction to urban semiotics. New York: Columbia University Press.

BEACH R, APPLEMAN D, DORSEY S, 1990. Adolescents' use of intertextual links to understand literature［M］//BEACH R, HYNDS S. Developing discourse practices in adolescence and adulthood. Norwood, NJ: Albex Publishing Corporation.

BEREITER C, SCARDAMALIA M, 1987. The psychology of written composition [M]. London: Routledge.

BERKENKOTTER C, HUCKIN T N, 1995. Genre knowledge in disciplinary communication: Cognition/Culture/Power [M]. New Jersey: Lawrence Erlbaum Associates.

BERNSTEIN B, 1971. Class, codes and control, volume 1: Theoretical studies towards a sociology of language [J]. British Journal of Sociology, 24(1).

BERNSTEIN B, 1990. The structuring of pedagogic discourse [M]. London: Routledge.

BHATIA V K, 1983. Simplification v. easifcation: the case of legal texts [J]. Applied Linguistics, 4(1): 42–54.

BHATIA V K, 1992. Pragmatics of the use of nominals in academic and professional genres [J]. Pragmatics and Language Learning(3).

BHATIA V K, 1993. Analyzing genre: Language use in professional settings [M]. London: Longman.

BHATIA V K, 1994. Cognitive structure in legislative provisions [M] // GIBBONS J. Language and the law. London: Longman.

BHATIA V K, 1995. Genre-mixing in professional communication: The ease of private intentions v. socially recognized purposes [M] //BRUTHIAUX P, BOSWOOD T, DU-BABCOCK B. Explorations in English for professional communication. Hong Kong: City University of Hong Kong.

BHATIA V K, 1997. Genre-mixing in academic introductions [J]. English for Specific Purposes, 16(3): 181–196.

BHATIA V K,1998. Intertextuality in legal discourse [J]. The Language Teacher, 22(11).

BHATIA V K, 2002. Applied genre analysis: A multi-perspective model [J]. Ibérica Journal (4): 3–19.

BHATIA V K, 2004. Worlds of written discourse: A genre-based view [M]. London: Continuum.

BHATIA V K, 2010. Interdiscursivity in professional communication [J]. Discourse and Communication, 4(1): 32–50.

BHATIA V K, 2012. Critical reflections on genre analysis [J]. Ibérica Journal (24): 17–28.

BIBER D, 1988. Variation across speech and writing [M]. Cambridge: Cambridge University Press.

BIBER D, 1995. Dimensions of register variation [M]. Cambridge: Cambridge University Press.

BIBER D, CONRAD S, REPPEN R, 2000. Corpus linguistics [M]. Beijing: Foreign Language Teaching and Research Press.

BIBER D, JOHANSON S, LEECH G, et al., 1999. Longman grammar of spoken and written English [M]. London: Longman.

BLOOME D M, GOLDMAN S R. Intertextuality [Z/OL]. [2015–06–18] http://education. stateuniversity.com/pages/2184/literacy–INTERTEXTUALITY. html.

BLOOME D M, EGAN–ROBERTSON E A, 1993. The social construction of intertextuality in classroom reading and writing lessons [J]. Reading Research Quarterly, 28(4): 304–333.

BLUE NAEW. Chinese students' English writing ability research (college edition) [EB/OL]. [2014–08–16]. http://www.pigai.org/?c=naew&a=englishwrite.

BRIGGS C, BAUMAN R, 1992. Genre, intertextuality, and social power [J]. Journal of Linguistic Anthropology, 2(2): 131–172.

BROWN G, YULE G, 1983. Discourse analysis [M]. Cambridge: Cambridge University Press.

BROWN P, LEVINSON S C, 1987. Politeness: Some universals in language usage [M]. Cambridge: Cambridge University Press.

BRUTHIAUX P, BOSWOOD T, DU–BABCOCK B, 1995. Explorations in English for professional communication [M]. 2nd ed. Hong Kong: City University of Hong Kong.

CHAFE W, 1982. Integration and involvement in speaking, writing, and oral literature [C] // TANNEN D. Spoken and written language: Exploring orality and literacy. Norwood, NJ: Ablex Press.

CHANELL J, 1994. Vague language [M]. Oxford: Oxford University Press.

CHOULIARAKI L, FAIRCLOUGH N, 1999. Discourse in late modernity [M]. Edinburgh: Edinburgh University Press.

CONNOR U, LAUER J, 1988. Cross-cultural variation in persuasive student writing [M] //PURVES A. Writing across languages and cultures. Los Angeles: Sage Publishing.

COULSON S, 2001. Semantic leaps: frame-shifting and conceptual blending in meaning construction [M]. Cambridge: Cambridge University Press.

CULLER J, 1976. Presupposition and intertextuality [J]. Comparative Literature, 91(6): 1380–1396.

CULLER J, 1981. The pursuit of signs: semiotics, literature, deconstruction [M]. New York: Cornell University Press.

DE BEAUGRANDE R, DRESSLER W, 1981. Introduction to text linguistics [M]. London: Routledge.

DEROSE K, GRANDY R E, 1999. Conditional assertions and "biscuit" conditionals [J] . Noûs, 33(3): 405–420.

DEVITT A J, 1991. Intertextuality in tax accounting: Generic, referential and functional [M] // BAZERMAN C, PARADIS J. Textual dynamics of the professions: Historical and contemporary studies of writing in professional communities. Madison: University of Wisconsin Press.

DEVITT A J, 2004. Writing genres [M]. Carbondale: Southern Illinois University Press.

DORNYEI Z, SCOTT ML, 1997. Communication strategies in a second language: Definitions and taxonomies [J]. Language Learning (47): 173–210.

EGAN-ROBERTSON A, 1998. Learning about culture, language, and power: Understanding relationships among personhood, literacy practices, and intertextuality [J]. Journal of Literacy Research, 30(4): 449–487.

ELLIS R, 2008. The study of second language acquisition [M] . 2nd ed. Oxford: Oxford University Press.

FAERCH C, KASPER G, 1983. Plans and strategies in foreign language communication

[M] //FAERCH C, KASPER G. Strategies in interlanguage communication. London: Longman.

FAIRCLOUGH N, 1989. Language and power [M]. London: Longman.

FAIRCLOUGH N, 1992a. Discourse and social change [M]. Cambridge: Polity Press.

FAIRCLOUGH N, 1992b. Discourse and text: Linguistic and intertextual analysis within discourse analysis [J]. Discourse and Society 3(2): 193–217.

FAIRCLOUGH N, 1995a. Critical discourse analysis: The critical study of language [M]. London: Longman.

FAIRCLOUGH N, 1995b. Media discourse [M]. London: Edward Arnold.

FAIRCLOUGH N, 2000. Discourse, social theory and social research: The discourse of welfare reform [J]. Journal of Sociolinguistics (4): 163 – 195.

FAIRCLOUGH N, 2003. Analyzing discourse: Textual analysis for social research [M]. London: Routledge.

FAIRCLOUGH N, 2010. Critical discourse analysis [M]. 2nd ed. London: Longman.

FAIRCLOUGH N, 2011. Corpus–based discourse analysis [M] // GEE J P, HANDFORD M. The routledge handbook of discourse analysis. London: Routledge.

FAIRCLOUGH N, 2012. Critical discourse analysis as a method in social scientific research [M] // WODAK R, MEYER M. Methods of critical discourse analysis. Los Angeles: Sage Publishing.

FAUCONNIER G, TURNER M, 2002. The way we think: Conceptual blending and the mind's hidden complexities [M]. New York: Basic Books.

FLOWER R, HODGE B, KRESS G, et al., 1979. Language and control [M]. London: Routledge.

FLOWERDEW J, 1991. Pragmatic modifications on the "representative" speech act of defining [J]. Journal of Pragmatics, 15(3): 253–264.

FRASER B, 2010. Pragmatic competence: The case of hedging [J]. New Approaches to Hedging. Bingley: Emerald Group Publishing.

FROW J, 2015. Genre [M]. London: Routledge.

GENETTE G, 1997. Palimpsests: Literature in the second degree [M]. Lincoln:

University of Nebraska Press.

GIVON T, 1989. Mind, code and context [M] . New Jersey: Lawrence Erlbaum Associates.

GIVON T, 1990. Syntax: A functional-typological introduction, Vol.2 [M] . Amsterdam: John Benjamins Publishing Company.

GIVON T, 1994. Isomorphism in the grammatical code [M] // SIMONE R. Iconicity in language. Amsterdam: John Benjamins Publishing Company.

GIVON T, 2001. Syntax: An introduction [M] . Amsterdam: John Benjamins Publishing Company.

GRANGER S, 2009. The contribution of learner corpora to second language acquisition and foreign language teaching: A critical evaluation [G] //AIJMER K. Corpora and language teaching. Amsterdam: John Benjamins Publishing Company.

HAIMAN J , 1980. The iconicity of grammar: Isomorphism and motivation [J] . Language, 56(3): 515–540.

HAIMAN J, 1983. Iconic and economic motivation [J]. Language, 59(4): 781–819.

HAIMAN J, 1985a. Iconicity in syntax [M]. Amsterdam: John Benjamins Publishing Company.

HAIMAN J, 1985b. Natural syntax: Iconicity and erosion [M] . Cambridge: Cambridge University Press.

HALLIDAY M A K, 1989. Spoken and written language [M] . Oxford: Oxford University Press.

HALLIDAY M A K, 1994. An introduction to functional grammar [M] . London: Edward Arnold.

HALLIDAY M A K, HASAN R, 1976. Cohesion in English [M]. London: Longman.

HALLIDAY M A K, HASAN R, 1985. Language, context and text: Aspects of language in a social-semantic perspective [M]. Victoria: Deakin University Press.

HAN Z H, 2003. Fossilization: From simplicity to complexity [J] . International Journal of Bilingual Education and Bilingualism.

HAN Z H, 2004. Fossilization in adult second language acquisition [M] . Bristol: Multilingual Matters.

HANKS W F, 1989. Text and textuality [J]. Annual Review of Anthropology.

HATIM B, MASON I, 1990. Discourse and the translator [M]. London: Longman.

HINKEL E, 1997. Indirectness in L1 and L2 academic writing [J]. Journal of Pragmatics.

HINKEL E, 2002a. Matters of cohesion in L2 academic texts [J]. Applied Language Learning, 12(2): 111–132.

HINKEL E, 2002b. Second language writers' text: Linguistic and rhetorical features [M]. New Jersey: Lawrence Erlbaum Associates.

HINKEL E, 2004. Teaching academic ESL writing: Practical techniques in vocabulary and grammar [M]. New Jersey: Lawrence Erlbaum Associates.

HINKEL E, 2005. Hedging, inflating, and persuading in L2 academic writing [J]. Applied Language Learning.

HINKEL E, 2013. Research findings on teaching grammar for academic writing [J]. English Teaching, 68(4): 3–21.

HIRAGA M K, 1994. Diagrams and metaphors: Iconic aspects in language [J]. Journal of Pragmatics 22(1): 5–21.

HOBBS J R, 1979. Coherence and coreference [J]. Cognitive Science, 3(1): 67–90.

HOLMES J, 2004. Intertextuality in EAP: An African context [J]. Journal of English for Academic Purposes.

HUBLER A, 1983. Understatements and hedges in English [M]. Amsterdam: John Benjamins Publishing Company.

HUGHEY J B, 1983. Teaching Esl composition: Principles and techniques (English Composition Program) [M]. Rowley: Newbury House Publishers.

HYLAND K, 1994. Hedging in academic writing and EAP textbooks [J]. English for Specific Purposes.

HYLAND K, 1996. Talking to the academy: Forms of hedging in science research articles [J]. Written Communication.

HYLAND K, 1998a. Boosting, hedging and the negotiation of academic knowledge [J]. Text.

HYLAND K, 1998b. Hedging in scientific research articles [M]. Amsterdam: John

Benjamins Publishing Company.

HYLAND K, 2006. English for academic purposes: An advanced resource book [M]. London: Routledge.

HYLAND K, MILTON J, 1997. Qualification and certainty in L1 and L2 students' writing [J]. Journal of Second Language Writing.

HYLAND K, 2005. Metadiscourse: Exploring interaction in writing [M]. London: Continuum.

HYLAND K, 2008. Metadiscourse [M]. Beijing: Foreign Language Teaching and Research Press.

JENNY L, 1982. The strategy of form [M] //TODOROV T, CARTER R. French Literary Theory Today. Cambridge: Cambridge University Press.

JESSOP B, 1998. The rise of governance and the risks of failure: The case of economic development [J]. International Social Science Journal.

JOHNS A M, 1997. Text, role, and context: Developing academic literacies [M]. Cambridge: Cambridge University Press.

JOHNS A M, SWALES J M, 1992. Literacy and disciplinary practices: Opening and closing perspectives [J]. Journal of English for Academic Purposes.

JOHNSON M, LAKOFF G, 2002. Why cognitive linguistics requires embodied realism [J]. Cognitive Linguistics.

JOHNSON-LAIRD P N, 1980. Mental models in cognitive science [J]. Cognitive Science.

JORDAN R R, 1999. Academic writing course [M]. 3rd ed. London: Longman.

KAPLAN R B, 1966. Cultural thought patterns in inter-cultural education [J]. Language Learning, 16 (1-2): 1-20.

KENNEDY G, 2000. An Introduction to corpus linguistics [M]. Beijing: Foreign Language Teaching and Research Press.

KOLB D A, 1984. Experiential learning: Experience as the source of learning and development [M]. Englewood Cliffs, NJ: Prentice Hall.

KORTMANN B, 1999. Iconicity, typology, and cognition [M] //NANNY M, FISHER O, EBRARY I. Form miming meaning: Iconicity in language and literature.

Amsterdam: John Benjamins Publishing Company.

KRESS G，1985. Linguistic processes in sociocultural practice [M]. Oxford: Oxford University Press.

KRISTEVA J, 1985. Revolution in poetic language [M]. New York: Columbia University Press.

KRISTEVA J，1969. Sémiotiké-Reacherches pour une sémanalyse [M]. Paris: Seuil.

LAKOFF G, 1972. Hedges: A study in meaning criteria and the logic of fuzzy concepts [M] // PERANTEAU P M, et al. Papers from the 8th Regional Meeting. Chicago: Chicago Linguistic Society.

LAKOFF G, 1987. Women, fire and dangerous things: What categories reveal about the mind [M]. Chicago: Chicago University Press.

LAKOFF G, JOHNSON M, 1980. Metaphors we live by [M]. Chicago: University of Chicago Press.

LAKOFF G, JOHNSON M, 1999. Philosophy in the flesh—The embodied mind and its challenge to western thought [M]. New York: Basic Books.

LAKOFF G, TURNER M, 1987. More than cool reason: A field guide to poetic metaphor[M]. Chicago: Chicago university press.

LANGACKER R, 1993. Reference-point construction [J]. Cognitive Linguistics.

LANGAN J, 2014. College writing skills with readings[M]. 9th ed. Beijing: Foreign Language Teaching and Research Press.

LEECH G, 1983. Principles of pragmatics [M]. London: Longman.

LEECH G, SVARTVIK J, 1974. A communicative grammar of English[M]. London : Longman.

LEMKE J L, 1985. Ideology, intertextuality, and the notion of register [M] //JAMES D, BENSON, WILLIAMS S, et al. Systemic perspectives on discourse. Norwood, NJ: Ablex Press.

LEMKE J L, 1991. Intertextuality and research education [J]. Linguistics and Education.

LEMKE J L, 1992. Intertextuality and educational research [J]. Linguistics and

Education.

LEMKE J L, 2002. Ideology, intertextuality and the communication of science [M] // FRIES P H, CUMMINGS M D, LOCKWOOD, et al. Relations and functions within and around language. London: Continuum.

LEMKE J L, 2004. Intertextuality and educational research [M] // BLOOME D, SHUART-FARIS N. Uses of intertextuality in classroom and educational research. Charlotte: Information Age Publishing.

LEVINSON S, 1983. Pragmatics [M]. Cambridge: Cambridge University Press.

LEWIS M, 1993. The lexical approach [M]. Hove: Language Teaching Publications

LEWIS M, 1997. Implementing the lexical approach: Putting theory into practice [M]. Hove: Language Teaching Publications.

LI W D, 2004. Topic chains in Chinese discourse [J]. Discourse Processes, 37 (1): 25–45.

LINELL P, 1998. Discourse across boundaries: On recontextualizations and the blending of voices in professional discourse [J]. Text, 18: 143–158.

LUKE A, 1995. Text and discourse in education: An introduction to critical discourse analysis [J]. Review of Research in Education，21(1): 3–48.

MALINOWSKI B, 1935. Coral gardens and their magic [M]. London: Routledge.

MCCARTHY M, CARTER R, 1994. Language as discourse: perspectives for language teaching [M]. London: Longman.

MELLINKOFF D, 1963. The Language of the law [M]. Boston: Little, Brown and Company.

MILLWARD C, 1980. Handbook for writers [M]. New York: Holt, Rinehart, and Winston.

MOI T, 1991. The Kristeva reader [M].Oxford: Blackwell Publishing.

MULLER W G, FISCHER O, 2003. From sign to signing: Iconicity in language and literature [M]. Amsterdam: John Benjamins Publishing Company.

NANNY M, FISCHER O, 1999. Form miming meaning: Iconicity in language and literature [M]. Amsterdam: John Benjamins Publishing Company.

O'BARR W M, 1982. Linguistic evidence: Language, power, and strategy in the courtroom [M]. New York: Academic Press.

ODDO J, 2014. Intertextuality and the 24-hour news cycle: A day in the rhetorical life of Colin Powell's U.N. Address [M]. East Lansing: Michigan State University Press.

PANTALEO S, 2006. Readers and writers as intertexts: Exploring the intertextualities in student writing [J]. Australian Journal of Language and literacy.

PEIRCE C S, 1940. Logic as semiotic: The theory of sign [M] // BUCHLER J. The philosophy of Pierre, selected writings. London: Routledge.

PEIRCE C S, 1965. Collected papers [M]. Cambridge: Harvard University Press.

PLETT H F, 1991. Intertextuality [M]. New York: Walter de Gruyter.

PLETT H F, 1999. Rhetoric and intertextuality [J]. Rhetorica,17(3): 313–329.

PORTER J E, 1986. Intertextuality and the discourse community [J]. Rhetoric Review, 5(1): 34–47.

PRINCE E, FRADER J, BOSK C, 1982. On hedging in physician–physician discourse [M] // PIETRO R D. Linguistics and the professions. Norwood, NJ: Ablex Press.

QUIRK R, GREENBAUM S, LEECH G, et al., 1985. A comprehensive grammar of the English language [M]. London: Longman.

RADDEN G, KVECSES Z, 1999. Towards a theory of metonymy [M] //PANTHER K U, RADDEN G. Metonymy in language and thought. Amsterdam: John Benjamins Publishing Company.

ROZAIKS L E, 2003. The complete idiot's guide to grammer and style [M]. 2nd ed. London: Penguin.

SCHUMANN J, 1978. The acculturation model for second language acquisition [M] // GINGRAS R. Second language acquisition and foreign language teaching. Washington, DC: Center for applied linguistics.

SCOLLON R, 1998. Reading as social interaction: The empirical grounding of reading [J]. Semiotica, 118(3–4): 281–294.

SEBEOK T K, 1986. Encyclopedic dictionary of semiotics [M]. Berlin: De Grugter Mouton.

SELIGER H W, SHOHAMY E, 1999. Second language research methods [M].

Shanghai: Shanghai Foreign Language Education Press.

SELINKER L,1972. Interlanguage [J]. International Review of Applied Linguistics, 10(1–4): 209–232.

SPOLSKY B, 2000. Conditions for second language learning [M]. Shanghai: Shanghai Foreign Language Education Press.

STALNAKER, 1973. Presuppositions [J]. Journal of Philosophical Logic.

STRUNK W J, WHITE E, 1959. The Elements of Style [M]. New York: Macmillian.

SWALES J M, 1990. Genre analysis: English in academic and research settings [M]. Cambridge: Cambridge University Press.

SWALES J M, FEAK C B, 2012. Academic writing for graduate students, 3rd edition: Esential skills and tasks [M]. Ann Arbor, MI: Michigan Publishing.

TALMY L, 2000. Toward a cognitive semantics [M]. Cambridge: The MIT Press.

TARONE E, YULE G, 2000. Focus on the language learner [M]. Shanghai: Shanghai Foreign Language Education Press.

TAYLOR J R, 1995. Linguistic categorization: Prototypes in linguistic theory [M]. Oxford: Oxford University Press.

THOMAS J, WILSON A, 1996. Methodologies for studying a corpus of doctor–patient interaction [M] //THOMAS J, SHORT M. Using corpora for language research, 3rd ed. London: Longman.

TIERNEY R J, SHANAHAN T, 1991. Research on the reading and writing relationship: Interactions, transactions, and outcomes [M] // BARR R, KAMIL M, MOSENTHAL P, et al. Handbook of reading research. London: Longman.

TRIMBLE L, 1985. English for science and technology: A discourse approach [M]. Cambridge: Cambridge University Press.

ULLMANNI S, 1962. Semantics: An introduction to the science of meaning [M]. Oxford: Oxford University Press.

UNGERER F, SCHMID H J, 1996. An introduction to cognitive linguistics [M]. London: Longman.

VAN DIJK T A, 1988. News as discourse [M]. New Jersey: Lawrence Erlbaum Asscociates.

VAN DIJK T A, 2007. The study of discourse: An introduction [M] // VAN DIJK Discourse studies volume I. Los Angeles: Sage Publications.

VERSCHUEREN J, 2014. Intertextual appropriation: Note on the pragmatics of international flows of meaning [J]. 外语与外语教学(5): 1–4.

VYGOTSKY L S, 1978. Mind in society: the development of higher psychological processes [M]. Cambridge: Harvard University Press.

WATSON C B, 1982. The use and abuse of models in the ESL writing class [J]. Tesol Quarterly, 16(1).

WEISSBERG R, BUKER S, 1990. Writing up research: experimental research report writing for students of English [M] . Englewood Cliffs, NJ: Prentice Hall.

WETLAUFER G B, 1990. Rhetoric and its denial in legal discourse [J]. Virginia Law Review, 76(8): 1545–1597.

WIDDOWSON H, 1983. Learning purpose and language use [M]. Oxford: Oxford University Press.

WOLFE-QUINTERO K, INAGAKI S, KIM H-Y, 1998. Second language development in writing: Measures of fluency, accuracy, and complexity [M]. Honolulu: Second Language Teaching and Curriculum Center.

WYDICK R C, 1978. Plain English for Lawyers [M]. North Carolina: Carolina Academic Press.